JESÚS FEMINISTA

Hablan de *Jesús feminista*

"La escritura cálida e íntima de Bessey distingue a este libro de otros centrados en tópicos similares. Su aproximamiento y estilo ofrecen un aporte único a la literatura sobre el rol de la mujer en las iglesias cristianas".

—*Publishers Weekly*

"Nunca estridente, en su lugar el enfoque de Bessey es sólido y claro… Una excelente elección".

—*Booklist*

"Sarah Bessey se pronuncia no como una polemista que escupe fuego, sino como una mujer completamente cautivada por Jesús que no se detendrá ante nada para seguirlo".

—*Carolyn Custis James*, autora de *Half the Church*

"*Jesús feminista* es de esos libros que se deben leer".

—*Glennon Doyle*, autor de *Love Warrior*, bestseller del New York Times

"Una narrativa poderosa y empoderadora que tanto hombres como mujeres encontrarán convincente y legible".

—*Tony Jones, teólogo y autor de The New Christians*

"Amo a las escritoras que son los suficientemente perspicaces como para ser cínicas, pero eligen no serlo. Amo los libros que me ayudan a ver cosas que nunca antes había notado (en la vida, en mí mismo, en otros, en la Biblia, en Jesús). Amo los textos que hacen disfrutable y fácil la lectura… Amo *Jesús feminista*. No es un 'libro para mujeres'. De hecho, es el tipo de libro que ayudará a mujeres y hombres a ver cuán inútil es esa distinción".

—*Brian D. McLaren, autor, orador, activista*

"*Jesús feminista* es una obra críticamente importante; un libro que todo aquel que esté en una iglesia debe leer".

—*Nish Weiseth, autor de Speak*

"En *Jesús feminista*, Bessey es una Moisés moderna que busca no solo librar a una Iglesia cautiva por el dogma sino también redimir generaciones de mujeres que han sido sofocadas y silenciadas durante demasiado tiempo".

—*Matthew Paul Turner, autor de Our Great Big American God*

"*Jesús feminista* es una revelación, un *tour de force* desafiante del género que se eleva por encima de la retórica cáustica que ha definido estas conversaciones en la Iglesia".

—Jonathan Martin, autor de Prototype

"La voz de Sarah es profética, y ella librará a otras mujeres para hablar y actuar con poder, amor y valentía".

—Adam S. McHugh, autor de Introverts in the Church

"Con gracia, humildad y confianza (incluso en lo desconocido), el *Jesús feminista* de Sarah Bessey humaniza magistralmente uno de los tópicos más controversiales de estos días".

—Andrew Marin, autor de Love Is an Orientation

"Con honesta vulnerabilidad y fuertes fundamentos bíblicos, Sarah Bessey comparte su viaje personal e introspección con respecto a los roles y calificativos para las mujeres en el ministerio".

—Helen Burns, autora de The Miracle in a Mother's Hug

"Sarah Bessey me hace querer conocer a Jesús de nuevo, pero esta vez específicamente a través de mi carne femenina, involucrar a Dios con el glorioso don de ser mujer en vez de hacerlo a pesar de ello".

—*Enuma Okoro, autora de Reluctant Pilgrim*

"*Jesús feminista* convoca a la Iglesia a unirse en una conversación acerca de las mujeres en el Reino de Dios. Sarah Bessey nos desarma y luego nos da una taza de té. Crea un espacio seguro para su discusión profunda, reflexión amable e imaginación santa. Nos llama, dialoga y comisiona hacia los caminos salvajes de Jesús. Esta es una invitación santa para que todas mis hermanas por fin vengan a la mesa. ¡Debes leerlo!".

—*Kelley Nikondeha, cofundadora de Amahoro Africa*

SARAH BESSEY

JESÚS FEMINISTA

Una Invitación a Revisar la Visión de la Biblia Sobre las Mujeres

- Explorando Nociones Radicales sobre Dios y las Mujeres -

Copyright © 2013 by Sarah Bessey.

Jesús Feminista
Una Invitación a Revisar la Visión de la Biblia sobre las Mujeres
de Sarah Bessey. 2020, JUANUNO1 Ediciones.

Título de la publicación original: "Jesus Feminist"
This translation published by arrangement with the original Publisher, Howard Books, A Division of Simon & Schuster, Inc.
Esta traducción es publicada por acuerdo con la casa editorial de origen Howard Books, una división de Simon & Schuster, Inc.
Spanish Language Translation copyright © 2020 by JuanUno1 Publishing House, LLC.

ALL RIGHTS RESERVED. | TODOS LOS DERECHOS RESERVADOS.
Published in the United States by JUANUNO1 Ediciones,
an imprint of the JuanUno1 Publishing House, LLC.
Publicado en los Estados Unidos por JUANUNO1 Ediciones,
un sello editorial de JuanUno1 Publishing House, LLC.
www.juanuno1.com

JUANUNO1 EDICIONES, logos and its open books colophon, are registered trademarks of JuanUno1 Publishing House, LLC.
JUANUNO1 EDICIONES, los logotipos y las terminaciones de los libros, son marcas registradas de JuanUno1 Publishing House, LLC.

Library of Congress Cataloging-in-Publication Data
Name: Bessey, Sarah, author
Jesús feminista : una invitación a revisar la visión de la biblia sobre las mujeres / Sarah Bessey.
Published: Miami : JUANUNO1 Ediciones, 2020
Identifiers: LCCN 2020937816
LC record available at https://lccn.loc.gov/2020937816

REL012130 RELIGION / Christian Living / Women's Interests
REL105000 RELIGION / Sexuality & Gender Studies
REL006080 RELIGION / Biblical Criticism & Interpretation / General

Paperback ISBN 978-1-951539-28-3
Ebook ISBN 978-1-951539-31-3

Foto de *Sarah Bessey*: © Stephanie Hall

Traducción: Ian Bilucich
Corrector/Editor: Tomás Jara
Diagramación interior: María Gabriela Centurión
Portada: ZONA21.net
Director de Publicaciones: Hernán Dalbes

First Edition | Primera Edición
Miami, FL. USA.
-2020-

Para Brian

MTB

Contenido

PREFACIO — 13

Seamos mujeres que Aman — 15

INTRODUCCIÓN: Una hoguera en la orilla — 19

CAPÍTULO UNO: Jesús me hizo feminista — 27

CAPÍTULO DOS: Un movimiento redentor — 39

CAPÍTULO TRES: Raíces enredadas — 47

CAPÍTULO CUATRO: Las mujeres silenciosas (?) de Pablo — 67

CAPÍTULO CINCO: Guerreros danzantes — 81

CAPÍTULO SEIS: Santas patronas, parteras espirituales y feminidad "bíblica" — 95

CAPÍTULO SIETE: Renace una narrativa   111

CAPÍTULO OCHO: Reclamando a las damas de la iglesia   127

CAPÍTULO NUEVE: Moviendo montañas una piedra a la vez   141

CAPÍTULO DIEZ: Venga tu Reino   159

CAPÍTULO ONCE: Insurgencia íntima   175

CAPÍTULO DOCE: La Comisión   187

Algunas notas   193

Gracias   195

Preguntas de discusión   199

Lectura adicional   203

Notas   207

Prefacio

La poeta Maya Angelou dijo: "No hay agonía como la de llevar una historia no contada dentro de ti". Para las mujeres que soportan historias de patriarcado, la libertad empieza con la narración; empieza con esas primeras palabras tiernas dichas en voz alta o escritas en papel: "Cuando era una niña", "Recuerdo", "Una vez".

Escucho historias que emergen alrededor de mesas compartidas, con pan y vino entre nosotros, la mantequilla ablandándose y las velas goteando mientras hablamos en la noche. Una joven seminarista comparte la desilusión de hablar en un cuarto vacío el día que dio su primer sermón en una clase de predicación y ninguno de sus compañeros hombres apareció. Una pastora relata el momento en que ella se acercó a un atril en una conferencia, solo para ver a un hombre en la segunda fila voltear su silla para no tener que enfrentarla. Una chica divertida y animada describe el alivio que sintió cuando ella y su marido de hacía diez años se dieron cuenta de que podían funcionar como un equipo de socios iguales en lugar de imponer roles de género jerárquicos y desajustados en su relación. Una joven madre relata tranquilamente el abuso sexual que sufrió en el nombre de "la sumisión bíblica".

Yo cuento la historia de estar parada ante el grupo juvenil de mi escuela secundaria para dar mi primer testimonio público. Tenía tan solo diecisiete años y, sin aliento, me abrí camino a través del ya clásico relato *perdida para encontrar, cegada para ver, desgraciada para volver a nacer*. Cuando terminé, me senté al lado de un compañero, que volteó y me dijo: "Realmente eres una buena predicadora, Rachel. *Lástima que eres mujer*".

A estas historias las siguen gemidos, risas, lágrimas, compasión, celebración y, a menudo, un silencio sagrado. Han sido contadas en comedores, santuarios, clases dominicales, tiendas de café, campamentos, villas rurales, calles de la ciudad y *chats* alrededor del mundo. En compañía de otras más, las mujeres están encontrando sus voces, contando historias inéditas y entonando canciones de libertad. Hay un movimiento debajo de nuestros pies, un retumbar sagrado. Y las cosas nunca más serán iguales.

En este movimiento de madres que se quedan en casa y de eruditas bíblicas, directoras generales y refugiadas, artistas y activistas, Sarah Bessey se ha convertido rápidamente en una de mis narradoras favoritas. La he seguido por varios años y lo que amo más de su trabajo es la fortaleza silenciosa con la que se maneja, la forma en la que demuestra que no necesita hablar con ira para decirte verdades difíciles. Pienso que Sarah es una hermana mayor en la fe, una mujer cuya sabiduría y madurez me desafían, pero cuya honestidad y vulnerabilidad me recuerdan que está caminando a mi lado en este viaje, con un brazo sobre mi hombro.

En su *blog*, y en este maravilloso libro, Sarah hace lo que todas las buenas narradoras hacen: nos da permiso; permiso para reír, para cuestionar, para frenar un poco, para escuchar, para confrontar nuestros miedos, para compartir nuestras historias con más valentía y amor. Como ella lo expresa: "¡Hay más lugar! ¡Hay más lugar! ¡Hay más lugar para todos nosotros!".

Una palabra a la vez, Sarah nos libera de la agonía de acarrear con nuestras historias en soledad, y así poder seguir a Jesús (mi feminista favorito) con más libertad y gozo. Estoy muy agradecida.

Rachel Held Evans (1981-2019),
autora de *Fe en Desenredo* y *Buscando el Domingo*
rachelheldevans.com

Seamos mujeres que Aman[1]

Idelette McVicker

Seamos mujeres que Aman

Seamos mujeres dispuestas a deponer nuestras palabras filosas,

nuestras miradas agudas, nuestro silencio ignorante y nuestra postura imponente,

y llenemos ahora la tierra con amor extravagante.

Seamos mujeres que Aman.

Seamos mujeres que hacen espacio.

Seamos mujeres que abrimos nuestros brazos e invitamos a otros a un

abrazo honesto, espacioso y glorioso.

Seamos mujeres que se sostienen entre sí.

Seamos mujeres que dan de lo que tienen.

Seamos mujeres que saltan hacia las cosas difíciles,

inesperadas y necesarias.

Seamos mujeres que viven para la Paz.

Seamos mujeres que respiran Esperanza.

Seamos mujeres que crean belleza.

Seamos mujeres que Aman.

Seamos un santuario donde Dios pueda habitar.

Seamos un jardín para almas tiernas.

Seamos una mesa donde otros puedan deleitarse con la bondad de Dios.

Seamos el útero para que la Vida crezca.

Seamos mujeres que Aman.

Planteémonos las preguntas de nuestro tiempo.

Hablemos de las injusticias de nuestro mundo

Movamos las montañas del miedo y la intimidación.

Derribemos los muros que separan y dividen.

Llenemos la tierra con la fragancia del Amor.

Seamos mujeres que Aman.

Escuchemos a quienes han sido silenciados.

Honremos a quienes han sido devaluados.

Digamos ¡*Basta!* al abuso, al abandono, a la subestimación

y a esconderse.

No descansemos hasta que cada persona sea libre e igual.

Seamos mujeres que Aman.

Seamos mujeres expertas, inteligentes y sabias.

Brillemos con la luz de Dios dentro nuestro.

Animémonos a cantar la canción de

nuestros corazones.

Seamos mujeres que dicen sí al único y hermoso propósito

sembrado en nuestras almas.

Seamos mujeres que griten la canción del corazón de otros.

Enseñemos a nuestros hijos a hacer lo mismo.

Seamos mujeres que Aman.

Seamos mujeres que Aman a pesar del miedo.

Seamos mujeres que Aman a pesar de nuestras historias.

Seamos mujeres que Aman en voz alta, de forma bella y divina.

Seamos mujeres que Aman.

INTRODUCCIÓN

Una hoguera en la orilla

A ver, hagamos algo. Tratemos de dejar expuestas nuestras ideas, nuestros versículos bíblicos hábilmente organizados, nuestros argumentos cuidadosamente elaborados. Tomémonos un descanso de todo esto.

Dirijámonos hacia afuera. Quiero que nos sentemos alrededor de una hoguera rodeada de piedras y veamos la luna moverse sobre el Pacífico. Quiero que bebamos un buen vino tinto, enterremos nuestros tobillos en la arena fría y nos envolvamos en suéteres acogedores. Pronto sentiremos el fresco de la tarde atravesando el agua y las montañas descansando sobre sus brazos.

Quiero que hablemos realmente de la feminidad, de la iglesia, de las etiquetas y de qué hacemos con todo esto. Porque los argumentos viciosos, los límites, los "tú estás afuera y tú estás adentro", los debates y el silenciamiento no están funcionando, ¿verdad? A menudo hemos tratado a nuestras comunidades como campos minados, como si la teología fuese una guerra: somos los heridos y herimos a otros.

Seré honesta: algunas de las cosas que tengo que decir pueden caerte mal. Puedes estar en desacuerdo con las particularidades, pero está bien (solo quédate conmigo). Sentémonos aquí con las duras verdades y la belleza fácil, en las tensiones del Reino de Dios que está aquí pero que también está viniendo, y descubramos cómo podemos desacordar de una forma hermosa.

No importa el "bando" o la doctrina, las experiencias o la tradición detrás de ti, sé que vienes soportando heridas. ¿No las tenemos todos? Tal vez alguien minimizó tus dones y tus llamados, tus habilidades y sabiduría; incluso tu matrimonio, tus historias, tu testimonio. Alguien tal vez te machacó con párrafos y palabras y pruebas textuales, te hizo sentir que de algún modo estás errado, ya sea en tu práctica o tu ortodoxia o a lo que nombraste y creaste como tu concepción de "ti mismo". Tal vez te lastimaron, sofocaron, quebraron, ataron, frenaron y arrinconaron, abusaron, atormentaron, limitaron y silenciaron, a ti o a alguien que amas. Lo sé: sí, lo sé. Y tal vez cometiste estos mismos pecados contra otra alma.

Aquí tienes, amor. Tómate un momento para recargar tu vaso, y así podremos brindar por la verdad con algo de amargura en nuestras sonrisas. Está bien; entiendo. También traje un termo de té fuerte para más tarde. Ya nos conoces a los canadienses: amamos nuestro té (es difícil ser demasiado trágico mientras tomas té).

Te tengo una idea loca.

Te tengo una idea loca. Dejemos de hacer *lobby* por un asiento en la Mesa

Dejemos de hacer *lobby* por un asiento en la Mesa. Ya sabes, esa legendaria Mesa de la que hablamos todos. Decimos: "¡Tan solo queremos un asiento en *la Mesa*!". Es la mesa donde se toman todas las decisiones. Los que controlan su acceso la rodean, todos leen los mismos libros, escupen los mismos argumentos, se citan entre ellos una y otra vez, denigran o se burlan de sus hombres y mujeres de paja. Es una Mesa donde, metafóricamente, las coaliciones y los concilios están sentados en asientos giratorios para discutir quién está adentro y quién está afuera, quién tiene la razón (usualmente la tienen ellos) y quién está

INTRODUCCIÓN

equivocado (todos los demás), y el tema *perenne* de si a las mujeres se les debe permitir enseñar o predicar o siquiera leer las Escrituras en voz alta. Hemos escuchado mucho acerca de cómo los hombres y las mujeres deberían pensar o actuar o verse, cómo deberían verse los matrimonios, cómo se debería criar a los niños; y hay una buena cantidad de discusión social, etiquetas divisorias, adjetivaciones e incluso un poco de condena al infierno.

Muy a menudo, abdicamos nuestras almas ante los edictos de estos guardianes. Escogemos demasiado rápido a un pastor nuevo en lugar del Rabí de Nazaret, y somos como la Israel antigua, anhelando un "verdadero" rey al que podamos ver y seguir.

Mira este cielo sobre nosotros. Mira hacia arriba y admira la primera catedral de Dios. Esta noche descansa en el lugar que te toca en la historia de Dios. Respira lento. No empezó con nosotros. No terminará con nosotros. ¿Quién quiere vivir en una torre de marfil cuando hay aire fresco para respirar afuera?

Quiero estar allí —afuera— con los inadaptados, con los rebeldes, los soñadores, los dadores de segundas oportunidades, los dispensadores radicales de gracia, los de brazos bien abiertos, los vulnerablemente valientes e incluso entre —o quizás especialmente— aquellos rechazados por la Mesa por no ser lo suficientemente dignos o correctos.

La Mesa puede ser ruidosa y dominante, pero el amor y la libertad se están expandiendo como levadura. Veo la esperanza entrando en puntas de pie, desestabilizando viejas estructuras de poder. La siento en el suelo debajo de mis pies. La escucho en las historias del pueblo de Dios que vive aquí y ahora. Nos las estamos susurrando unos a otros, con los ojos encendidos. "Aslan está en movimiento". ¿Lo puedes sentir? El reino ya está respirando entre nosotros.

Me quiero parar aquí afuera, en nuestras bellas tierras

canadienses,[a] junto al agua, golpeando mis viejas ollas y sartenes entre el viento, el frío y los cielos, gritando: "¡Hay más espacio! ¡Hay más espacio! ¡Hay más espacio para todos nosotros!".

Estamos entre los discípulos que simplemente están saliendo a la libertad, juntos, intentando seguir a Jesús; lo amamos mucho. Nos estamos encontrando aquí afuera y es hermoso, loco, eclesial y santo. Simplemente estamos fluyendo con las obras de la justicia y la misericordia, la labor gloriosa de la reconciliación y la redención, el desorden de la amistad y la comunidad, con las agallas de caminar sobre el agua y un sueño tan grande como el cielo del Reino de Dios.

Y así, tal vez haya gracia y bondad, dulzura y amor en nuestros corazones, especialmente para aquellos que creemos que están profundamente equivocados. Las Buenas Noticias son proclamadas cuando nos amamos entre nosotros. Oro por la unidad más allá de la conformidad, porque la bondad amorosa predica de una manera más bella y sincera que cualquier publicación satírica de *blog* o desmantelamiento punto por punto de la reputación y enseñanza de otro discípulo. Ya no me interesa mucho la Mesa. Oremos por ellos, perdonemos el daño que nos hicieron, y oremos por los heridos en nuestro fuego cruzado colectivo. Seamos gentiles en nuestro trato con ellos, pero sigamos adelante.

Ocurre un pequeño cambio en mi corazón cuando veo, vivo, trabajo y amo a nuestras hermanas y hermanos de todo el mundo. Es un giro hacia la esperanza y la gracia, hacia la libertad por sobre el miedo, a la vida por sobre la muerte.

Hace años, tal y como un pianista practica las escalas, yo practicaba la ira y el cinismo, una y otra vez. *Practicaba* estar a la defensiva en mis elecciones, mi maternidad, mi teología y mi postura política. Y luego pasaba a la ofensiva. Repetía la indignación y la ira. Me apuraba por corregir cada error y defender cada verdad, refutar cada posteo de *blog* irritante y dar cátedra ante cada pregunta. Como

---

[a] En el original: *Canadian wilds*. Es una expresión que se refiere a los paisajes canadienses.

el perro de Pavlov, olfatear algo de desacuerdo era la campana de la cena para mi ira: *¡Ven si tienes agallas! ¡Prepárate a pelear!* Como muchos de nosotros, llamé *pensamiento crítico* a ocultar mi corazón amargo y crítico, y me pregunté por qué no tenía verdadera alegría en esta búsqueda continua de la verdad.

Luego, quise terminar con esa interpretación de piano de cola de mi propia grandeza e ira justas, y bajarme del lujoso escenario. Hay que tener demasiada aptitud en el *concierto de estar en lo correcto*; en lugar de eso, hoy estoy lista para ser Amada. Por aquellos años, imaginé que había encontrado un viejo y maltratado piano de segunda mano. En cuanto lo vi, me sentí torpe e incómoda. Intentaba practicar la bondad y la verdad, como las escalas, repetidamente. Todavía sigo practicando la gentileza y la belleza una y otra vez. Quizás, algún día, mis dedos encuentren esas teclas sin pensarlo.

Quiero practicar fidelidad y amabilidad; estoy aprendiendo a llenar mis oídos con las repeticiones de risas santas, de ojos y manos bien abiertos y de diversión inocente. Quiero practicar intencionalmente y con gozo. Quiero decir la verdad, pero primero, quiero vivir la Verdad.

Ya no profanaré la belleza con el cinismo. No confundiré el pensamiento crítico con un espíritu crítico, y voy a practicar la paciencia y la paz, dolorosamente, una y otra vez, hasta que mis respuestas gentiles alejen mi ira. Respiraré aire fresco mientras aprendo, una vez más, la gracia dada libremente y la sabiduría honrada; y cuando mis dedos titubeen, cuando suene muy aguda o muy grave, simplemente lo volveré a intentar.

Practicaremos los modos de Jesús una y otra vez hasta que las escalas caigan de nuestros ojos y nuestros oídos empiecen a oír. Algún día, creo, nuestros dedos volarán sobre las teclas de ese antiguo piano, con viejos himnos y nuevas canciones y, cuando miremos para arriba, te apuesto que habrá un campo lleno de gente bailando junto al agua, girando, pisoteando y riendo; y habrá bebés saltando, y cantaremos la canción que por siempre y para siempre estuvimos destinados a cantar. Las piedras estarán gritando, habrá árboles aplaudiendo, y la mesa del banquete estará crujiendo por el peso de las manzanas, el vino y el pan, y todos cantaremos hasta que bajen las estrellas.

Tal vez no sea tan sensual contar las buenas y esperanzadoras historias y todas las formas en que la Novia se vuelve más bella a nuestros ojos a medida que envejece. No es tan divertido como desafiar el *statu quo* o criticar el juicio de los demás. La revolución del amor toma muchas formas diferentes, la mayoría de ellas buenas y valientes por sus mismas diferencias. Y sigo agradecida por las personas llamadas al trabajo duro del conflicto pragmático y del hierro que afila el hierro. A veces volteamos las mesas del templo y, en otras ocasiones, invitamos a la conversación empezando con unas disculpas. Este es tan solo un fuego en la orilla; veo a otros alrededor nuestro, pero me gusta mi lugar.

Podría pasarme la vida contando bellas historias de radicales ordinarios, de personas normales sentados justo al lado tuyo en ese banco de madera y en el asiento al estilo cine en la megaiglesia; aquellos otros en salas de estar y callejones traseros, en campos de refugiados y mesas de cocina, y aun así me quedaría sin tiempo porque hay tantos bolsillos de amor y libertad en la iglesia

Esta noche, junto a la hoguera, quiero que nos envolvamos en el calor de buenas historias, de amor fuerte, de llamados proféticos. Contenderemos con la profunda verdad bíblica; contaremos algunas historias de héroes cotidianos. Personas ordinarias como tú y como yo que, a través de los siglos, hemos susurrado y gritado la verdad de la libertad encontrada y nuestro amor por una Iglesia cuya única bondad se encuentra en Cristo, mientras caminamos al relajado ritmo de sabernos amados por Dios. Para mí, nuestro tiempo compartido aquí es el proceso estratégico de establecer los puestos avanzados del reino de Dios justo enfrente de las narices del enemigo.

Y algún día —realmente creo esto— nos abrazaremos con la gente de la Mesa mientras rompemos el roble pulido. Estaremos

INTRODUCCIÓN

ahí para ayudarles a tirarla por la ventana, a romper cada techo de cristal: los mentirosos vidrios transparentes, espejados y manchados. Nos pararemos ante las pilas de piedras que solían ser armas, y construiremos un altar. Dios nos encontrará allí. Encenderemos una fogata con la madera rota de lo que fue la Mesa, y luego bailaremos alrededor de esos viejos argumentos, riéndonos.

Así que he aquí mi pequeño ofrecimiento para ti. Estoy determinada a compartirlo, a derramarlo así, sin acabar, imperfecto. Leonard Cohen escribe que en todo hay una grieta: así es como se mete la luz.[1] Y —aleluya— yo pienso lo mismo.

Tal vez no sea ninguna sorpresa la razón por la que las mujeres fueron las primeras en la Cuna y las últimas en la Cruz. Ellas nunca habían conocido a un hombre como este: nunca ha habido un Hombre igual. Un profeta y maestro que nunca las molestó, aduló, engatusó o fue condescendiente: que nunca hizo chistes tontos sobre ellas, nunca dijo al verlas "Oh, las mujeres, ¡Dios nos ayude!" o "Las damas, ¡Dios las bendiga!"; que regañó sin quejarse y alabó sin ser condescendiente; que se tomó sus preguntas y argumentos en serio; que nunca delimitó su mundo, que nunca las instó a ser femeninas o se burló de ellas por serlo; que no tuvo intereses egoístas ni una dignidad masculina incómoda que defender; que las tomó así como las encontró, con total naturalidad. No hay ninguna obra, ningún sermón, ninguna parábola en todo el Evangelio que tome prestada su acritud de la perversidad femenina; nadie podría deducir de las palabras y hechos de Jesús que hubiese algo "gracioso" sobre la naturaleza de las mujeres.

Dorothy Sayers, *Are Women Human?*

CAPÍTULO UNO

Jesús me hizo feminista

J esús me hizo feminista.

Es verdad.

No puedo pedir disculpas por eso, aunque sé que *Jesús* más *feminista* podría ser la fórmula que aliene a casi todos. Lo entiendo, de verdad.

Sé que el feminismo lleva a cuestas mucho equipaje, particularmente dentro de la iglesia evangélica. Están los estereotipos: estridentes aguafiestas, odiadoras de hombres, rabiosas impulsoras del aborto, lesbianas extremistas aterrorizándonos en programas de noticias de cable, burlándose de la maternidad y de las tareas domésticas. El feminismo ha sido culpado por el colapso de la familia nuclear, del cuidado infantil, del abuso sexual y físico, de los huracanes, de la caída de "la verdadera hombría", de la decadencia de la iglesia cristiana en la sociedad occidental, y de los desastrosos programas de televisión. La mayor parte de lo que se considera una descripción del feminismo es la desinformación destinada a infundir miedo.

En algunos círculos, usar la palabra *feminismo* es equivalente a lanzar una bomba en la iglesia; es indignante, ofensiva. Es probable que algunas personas hayan visto este libro apoyado en el estante y hayan creído saber qué tipo de autora estaba detrás de las palabras escritas aquí: una odiadora de hombres que argumenta que los hombres y las mujeres no tienen diferencias discernibles, una mujer feroz y sin humor, tal vez, así que no es de extrañar que, al ver a *Jesús* junto a *feminista*, reaccionen como si alguien hubiera rechinado sus largas uñas sobre una pizarra. ¿Quién podría culparlas, teniendo en cuenta los diálogos que nos han alimentado sobre las feministas durante tanto tiempo?

Es un riesgo usar la palabra feminismo en este libro, lo sé. Pero es un riesgo que me gustaría que tomaras conmigo. Me gusta la palabra *feminista*, incluso si preocupa a las personas o causa un poco de revuelo. Es una palabra que no me asusta ni me ofende: de hecho, me gustaría que la Iglesia la (re)utilizara.

Algunas personas piensan que el concepto de cristiana feminista no es apropiado; creen que es una rendición vergonzosa y equivocada a nuestra cultura secular. Tal vez sea una sorpresa para antifeministas y anticristianos por igual saber que las raíces del feminismo están entrelazadas con los fuertes compromisos de las mujeres cristianas con el movimiento de la templanza, movimientos sufragistas y, en América e Inglaterra en particular, con los movimientos abolicionistas del siglo XIX.[1] Existe una rica tradición de feminismo provida que continúa hasta el día de hoy.[2] Las feministas cristianas preceden el trabajo de las escritoras del feminismo de segunda y tercera ola, tales como Betty Friedan, Simone de Beauvoir, Gloria Steinem, Rebecca Walker y Naomi Wolf. El feminismo es complicado y varía de persona a persona, tal como el cristianismo. No es necesario suscribir a todas las opiniones diversas —y contrarias— dentro del movimiento para autodenominarse feminista.

El feminismo ganó popularidad como resultado del trabajo "secular" y académico, pero la línea entre sagrado y secular está hecha por el hombre. Ya que Dios es la fuente de la verdad, los cristianos todavía le pueden agradecer por el buen trabajo asociado con el feminismo, tal y como es la obtención del estatus de las mujeres como "personas" bajo la ley, poder votar, poseer propiedad y poder defenderse en un tribunal de justicia contra la violencia doméstica y la violación. El Dr. John G. Stackhouse Jr., teólogo canadiense, dice: "Las cristianas feministas pueden celebrar cualquier tipo de feminismo que traiga más justicia y florecimiento de la humanidad al mundo, no importa quien la traiga, ya que reconocemos la mano de Dios en todo lo que es bueno".[3] El feminismo cristiano moderno está vivo y con buena salud: desde movimientos de justicia social, pasando por seminarios e iglesias hasta salas de estar suburbanas en todo el mundo.

En esencia, el feminismo consiste simplemente en la noción radical de que las mujeres también son personas. El feminismo solo significa que defendemos la dignidad, los derechos, las responsabilidades y las glorias de las mujeres como iguales en importancia —no en mayor medida, pero claramente no en menor medida— que los hombres, y nos negamos a discriminar a las mujeres.[4]

Hace muchos años, cuando empecé a referirme a mí misma como feminista, algunos cristianos alzaron sus cejas y preguntaron: "¿Qué *tipo* de feminista, exactamente?". Me reí espontáneamente, y dije: "Ah, ¡una feminista de Jesús!". Y así es que, de una manera un tanto pícara, ahora me autodenomino una feminista de Jesús. Para mí, el calificativo quiere decir que soy una feminista precisamente por mi compromiso de por vida con Jesús y su Camino.

> **En esencia, el feminismo consiste simplemente en la noción radical de que las mujeres también son personas.**

EL PATRIARCADO NO ES el sueño de Dios para la humanidad.

Lo diré de nuevo, en voz alta. Me voy a parar junto a nuestra pequeña fogata y lo gritaré bien fuerte. Voy a asustar a la estrella de mar y a los poderosos por igual: el patriarcado no es el sueño de Dios para la humanidad. Nunca lo fue; nunca lo será.

En su lugar, en Cristo y por Cristo, estamos invitados a *participar* en el Reino de Dios a través del movimiento redentor —tanto para hombres como para mujeres— hacia la igualdad y la libertad. Podemos elegir movernos con Dios, cada vez más hacia la justicia y la plenitud, o podemos elegir sostener los sistemas muertos del mundo, bautizando a la injusticia y al poder con lenguaje sagrado. El feminismo es solo una forma de participar en el movimiento redentor.

Aquí, en el contexto de nuestra conversación, dos etiquetas comunes que se usan con respecto a los roles y las voces de las mujeres en la iglesia al día de hoy —para mejor o peor— son *igualitarias* y *complementarias*.

En general, según la teóloga Carolyn Custis James, las igualitarias "creen que el liderazgo no está determinado por el género sino por el don y el llamado del Espíritu Santo, y que Dios llama a todos los creyentes a someterse los unos a los otros". En contraste, las complementarias "creen que la Biblia establece la autoridad de los hombres sobre las mujeres, haciendo del liderazgo masculino el estándar bíblico".[5]

Ambos lados tratan a la Biblia como un arma. En ambos lados hay extremistas y dogmáticos. *Nosotros* intentamos superarlos a cada uno de *ellos* con pruebas textuales y apologéticas, y he escuchado decir que no hay una persona más odiosa que un cristiano que piensa que tu teología está mal. En nuestro hambre de estar en lo correcto memorizamos argumentos y estamos listos para escupirlos en cualquier momento. Lamentablemente, nos reducimos los unos a los otros, hermanos y hermanas, usando argumentos del hombre de paja y nos catalogamos como "enemigos del evangelio".

Conozco algunas personas a las que les gusta hacer agujeros en los argumentos de otros, señalando inconsistencias e intercambiando puñetazos de versículos, ganchos académicos y de historia de la iglesia cual boxeadores rudimentarios. Algunos lo hacen bien, con cierta habilidad y respeto mutuo, y es un gozo contemplar cómo aprenden unos de otros. Otros parecen más bien luchadores en el barro: pasan su tiempo en la sección de comentarios de blogs o de Facebook, en mesas de juntas o aulas, en bares café o librerías cristianas indignados, en un esfuerzo por descubrir qué tan equivocado está el otro tipo; convierten la teología en una competición de combate a muerte.

Y todo el pueblo de Dios dice: "Es agotador".

Así que, ¿podríamos ponernos de acuerdo en algo, rápidamente, antes de seguir? Creo que la familia de Dios es grande, diversa, bella y global. Así que estas etiquetas dogmáticas, que puede que alguna vez sean útiles para discusiones en libros y clases, no son siempre límites correctos para la vida o una relación. La mayoría de nosotros vivimos en algún lugar entre los extremos.

Acordemos, al menos tan solo por un rato, que ambos lados están equivocados en algunas cosas y tienen razón en otras. Probablemente esté equivocada, probablemente estés equivocado, y lo opuesto es verdad, porque todavía vemos a través de un vidrio, con opacidad.[6] Me quiero aproximar a los misterios de Dios y a la experiencia única de la humanidad con asombro y humildad y escuchando desde el corazón.

Intenté dejar de preocuparme por las grandes disputas entre complementarias e igualitarias. Estoy bastante segura de que mi propósito aquí en la tierra no es ganar argumentos o realizar gimnasia hermenéutica para impresionar al dos por ciento más rico del mundo. No creo que Dios sea glorificado por argumentos bien elaborados manejados como armas. Además, dudo mucho de que este pequeño libro escrito por una madre canadiense, alegre, de ojos estrellados y amante de Jesús mande a dormir todo este debate cuando tantos

> **Después de años de leer los Evangelios y todo el canon de las Escrituras, aquí está, muy simple, lo que aprendí sobre Jesús y las mujeres: nos ama.**

eruditos y mucha más gente continúan debatiendo y discutiendo. Eso no es lo que busco.

Después de años de leer los Evangelios y todo el canon de las Escrituras, aquí está, muy simple, lo que aprendí sobre Jesús y las mujeres: nos ama.

Nos ama. Así como somos. Nos trata como iguales, como a los hombres que lo rodean; nos escucha, no nos menosprecia, nos honra, nos desafía, nos enseña, nos incluye; nos llama *amadas* a todas. Gloriosamente, esto va en contra de las expectativas culturales de su época e incluso de la nuestra. El académico David Joel Hamilton caracteriza las palabras y hechos de Jesús hacia las mujeres como "controversiales, provocativas e incluso revolucionarias".[7]

Jesús nos ama.

En el tiempo cuando las mujeres estaban prácticamente silenciadas o invisibilizadas en la literatura, la Escritura las afirma y celebra. Las mujeres eran parte de las enseñanzas de Jesús, parte de su vida. Estaban allí para lo que fuera.

María, la madre de Dios, era una adolescente en una tierra ocupada cuando quedó embarazada del Príncipe de Paz y, como señala Rachel Held Evans, la Escritura enfatiza que su honorabilidad está en su obediencia y "no en un hombre, en una cultura y ni siquiera en su religión, sino en el trabajo creativo de Dios que levanta a los humildes y llena a los hambrientos con cosas buenas".[8]

Incluso el Magníficat de María es sorprendentemente subversivo y audaz, ¿no?[9] Ante la evidencia de lo contrario, ella canta cómo es bendecida, cómo Dios levanta a los humildes, cómo llena a los hambrientos con buenas cosas y envía a los ricos con las manos vacías.

A través de los registros de los Evangelios vi como Jesús no trató diferente a las mujeres que a los hombres, y me gustó. No éramos tan preciosas como para expresarlo en palabras ni tan delicadas como porcelana fina. No recibimos pases gratuitos ni atentas muestras de preocupación sobre nuestra capacidad de comprender, contribuir o trabajar. Las mujeres no éramos demasiado dulces o débiles para recibir la convicción del Espíritu Santo ni demasiado manipuladoras e inclinadas a los celos, la inseguridad y la decepción para hacer retroceder el reino de las tinieblas. Jesús no fue condescendiente.

Las mujeres necesitan redención al igual que los hombres. Todos necesitamos la Cruz de Jesucristo, y todos necesitamos seguirlo en el Camino de la vida eterna. En las palabras y acciones de Cristo registradas en las Escrituras, vemos cómo luce el "ni hombre ni mujer, judío ni griego, esclavo ni libre" en la vida común y corriente.[10]

Durante su tiempo en la tierra, Jesús subvirtió las normas sociales que dictaban cómo debía hablarle un rabí a una mujer, a un rico, a los poderosos, a la ama de casa, a la suegra, a la despreciada, a la prostituta, a la adúltera, a las personas con discapacidades mentales, al poseído por demonios y a los pobres. Les habló directamente a las mujeres, en oposición a sus estándares de liderazgo masculino y al mandato cultural (e incluso a lo que acostumbran algunas sectas religiosas de hoy).

Simplemente fue él, la encarnación de quien es tres en uno. Las mujeres no fueron excluidas o exentas de la comunidad de Dios. Las mujeres se pararon ante Dios exponiendo sus almas, y él nos llamó y nos reunió como suyas.

Cuando arrojaron a la mujer atrapada en adulterio a los pies de Jesús y trataron de usar su vergüenza para hacerlo caer en una trampa, él niveló el campo de juego tanto para el pecado como para el matrimonio. No hay muchas de nosotras que podamos imaginarnos allí, expuestas, usadas, desafiadas o quebrantadas —a veces ambas— y humilladas. Y él, bendito sea su nombre, restauró, perdonó, protegió, dibujó un escudo de gracia alrededor de ella con la punta de su dedo; y sus acusadores desaparecieron. "Ve", dijo. "Y no peques más".[11]

Cuando la mujer con el problema de sangrado alcanzó a tocar el dobladillo de su túnica, Jesús no respondió con frustración. No, la tocó en respuesta, la alabó por su fe, la liberó sin dudar.[12]

Cuando Jesús sanó a la mujer encorvada, lo hizo en la sinagoga, a la vista de todos. La llamó "hija de Abraham", lo que probablemente envió una onda expansiva a través de la habitación; era la primera vez que se decía algo así.[13] Las personas solo habían escuchado "hijos de Abraham", nunca *hijas*. Pero el *hija de Abraham* le dio un lugar junto a los hijos, especialmente junto a los observantes que gruñían con su sentido de propiedad y exclusividad sobre todo. En él, eres parte de la familia; siempre fuiste parte de la familia.[14]

Cuando María de Betania se sentó a sus pies, estaba en posición de pupila de un rabino. Los hombres y las mujeres rara vez se sentaban juntos, mucho menos para el aprendizaje religioso, pero allí estaba ella entre los hombres, a sus pies. Estaba formalmente aprendiendo de él en la forma en que los hijos de Abraham se sentaban siempre. Las hijas nunca habían tenido ese lugar. Incluso después de que Marta trató de recordarle sus tareas y responsabilidades para con sus invitados, Jesús defendió el derecho de María de aprender como discípula; él honró su decisión como la mejor y dijo: "Nadie se la quitará".[15]

Cuando María, la hermana de Lázaro, reprochó a Jesús después de la muerte de su hermano, él lloró. De hecho, le enseñó en privado uno de los principios centrales de nuestra fe (el mismo que le enseñó a Pedro): "Yo soy la resurrección y la vida"; esta es la roca sobre la cual construye su iglesia.[16] Marta también recibió sus enseñanzas; ella le creyó. ¿Dónde estaríamos si no hubiese compartido lo que escuchó de los labios de su amado amigo y Salvador?[17]

Cuando la mujer samaritana se encontró con Jesús en el pozo, él la trató como a cualquier otra alma sedienta con necesidad del agua de vida.[18] Ella tenía un estilo de vida que probablemente generaba el silbido de la vergüenza y las miradas de juicio. Estaba entre las menos valoradas y las más deshonradas de sus días. Aun así, Jesús la involucró en una discusión teológica seria; de hecho, la conversación que tuvo con ella es la conversación personal más larga jamás registrada en la Escritura. También fue la primera vez que las palabras "soy el Mesías" fueron dichas por Jesús, y la mujer se convirtió en una evangelista. Ella contó su historia. Contó acerca de Jesús y muchos fueron salvados. Cuando los discípulos expresaron su sorpresa por este giro de eventos, Jesús fue práctico: simplemente, así son las cosas.

Otro día, cuando Jesús terminó de enseñar en una sinagoga, una mujer lo llamó desde la audiencia: "¡Dios bendiga a tu madre, el vientre de donde saliste, y los pechos que te amamantaron!". Entonces Jesús contestó a esta bendición habitual con un: "Pero más bendecidos aún sean los que escuchan la palabra de Dios y la ponen en práctica".[19] Las mujeres no son bendecidas únicamente por dar a luz grandeza; no, todos somos bendecidos al escuchar la Palabra de Dios —Jesús— y ponerla en práctica. No confiamos en bendiciones de segunda mano de parte de Jesús.

También vemos a siete mujeres en los Evangelios, descritas con el verbo griego *diakoneo*, que significa *ministrar* o *servir*. Es "el mismo verbo usado para describir el ministerio de los siete hombres elegidos para liderar la iglesia primitiva".[20] Estas mujeres fueron la suegra de Pedro; María Magdalena; María, la madre de Jesús; José; Salomé, la madre de Zebedeo; Juana, la esposa de Chuza; Susana; y Marta, la hermana de María y Lázaro.[21]

Aunque la palabra de una mujer no era considerada suficiente prueba en una corte, María Magdalena fue la primera testigo de la resurrección de Cristo y la primera predicadora de la Resurrección. Jesús le mandó que fuera a decirles a sus hermanos, los discípulos, que estaba regresando a "mi Padre y su Padre, a mi Dios y su Dios". Antes de que los discípulos siquiera supieran que estaba respirando, Jesús mandó a una mujer a proclamar las buenas noticias: ¡resucitó![22] El último será el primero, de nuevo, siempre.

> Aunque la palabra de una mujer no era considerada suficiente prueba en una corte, María Magdalena fue la primera testigo de la resurrección de Cristo.

Las mujeres de la narrativa del evangelio ministraron a Jesús y también a otros junto con él. La falta de mujeres entre los doce discípulos no es prescriptiva o precedente para la exclusión de las mujeres, así como la elección de doce hombres judíos no excluye del liderazgo a los gentiles.

Podemos perdernos de la belleza loca en esto por la falta de fanfarria en la Escritura. Las mujeres simplemente estaban ahí como parte de la revolución del amor, a veces anónimas, a veces en el fondo, a veces reciben, otras veces dan. Tal y como cualquier otro hombre en la Escritura, están comprometidas por su propio mérito en medio de su propia historia.

Jesús piensa que las mujeres también son personas.

El mayor interrogante que el mundo, con todas sus necesidades desgarradoras, enfrenta es si quienes —por profesión o cultura— se identifican como "cristianos" se convertirán en discípulos —estudiantes, aprendices, practicantes— de Jesucristo, aprendiendo incesantemente de él cómo vivir la vida del Reino de los Cielos en cada rincón de la existencia humana.

Dallas Willard, *The Great Omission*

CAPÍTULO DOS

Un movimiento redentor

Incluso ahora, luego de estudiarlo cuidadosamente y orar, no creo ni por un momento que yo tenga el monopolio de la verdad o el amor. De hecho, he recibido mucha sabiduría, percepción, enseñanza, amistad y bondad tanto de igualitarias como de complementarias sobre una variedad de temas, incluyendo el matrimonio y el ministerio, los puntos principales de desacuerdo entre las dos escuelas de pensamiento.

No. Mi propósito en traerte aquí esta noche realmente es dar un paso al costado de estos debates y buscar una tercera vía: una redentora. Quiero que saquemos la mirada de esos mil argumentos y del "él dijo y entonces ella dijo" propio de los campamentos *fetichizados* en un pequeño enclave de la cristiandad occidental.

Dios tiene un sueño global para sus hijas e hijos, y es más grande que nuestras estrechas interpretaciones, más grande que nuestra pequeña caja de herramientas para construir la "masculinidad y feminidad bíblicas" o que el feminismo; es más grande que nuestros argumentos congelados en el tiempo o que nuestros sesgos y prejuicios, más grande que la socioeconomía (o la falta de ella), más grande que el estatus marital, más grande que nuestro lugar, más grande que todos nosotros (más grande que cualquiera de nosotros).

La belleza de esta grandeza radica en que es pequeña; tanto como cada vida. La visión de Dios es un llamado a moverse hacia el futuro en el pleno funcionamiento del amor, el gozo, la paz, la paciencia, la amabilidad, la bondad, la gentileza, la esperanza y el autocontrol, con una valentía que solo podría provenir de él.

Dondequiera que haya injusticia u opresión o cualquier cosa que no esté dentro de los propósitos previstos por Dios desde los albores de la Creación, nuestro Dios siempre ha puesto a su pueblo en la trayectoria de la *redención*. La Cruz es el centro de esta historia (Cristo y él crucificados); el evangelio siempre es buenas noticias y gran gozo para toda la humanidad. Y ahora vivimos y nos movemos en esa verdad y bondad; vivimos sin el velo y somos profetas y embajadores de la forma de vivir de Dios.

Dios suele trabajar dentro de las limitaciones humanas o en las situaciones que suceden ahora mismo para transformar el mundo según sus buenos propósitos. ¿En palabras simples? Dios trabaja con *quien* tenga a mano y con lo que sea que *tengamos*. Todo para lograr sus propósitos.[1] Desde las elecciones pecaminosas de Adán y Eva y sus consecuencias —que siguen su curso—, hemos vivido en este mundo caído lleno de sufrimiento, dolor e injusticia; e incluso ahora nuestro mundo también sufre bajo el peso de los efectos del patriarcado. Por supuesto que añoramos la redención: toda la creación espera y gime con anhelo por el Rey que viene pronto.[2]

Dios anhela redimir el mundo; anhela reunirnos como una madre gallina a sus polluelos. Su pasión por nosotros es un amor del tipo paternal-maternal; su bondad amorosa nunca fallará; su deseo está en que nos reconciliemos con él. Él se interesa por este lugar, por nuestras vidas, por la realidad física y por la increíblemente bella tierra.

Y una de las formas en que esto se cumple, generación tras generación y en cooperación con el libre albedrío, es a través del movimiento redentor de Dios.[3]

A lo largo de la Escritura, vemos cómo opera este movimiento redentor del Espíritu. A menudo, Jesús mismo practicaba el movimiento redentor en los Evangelios, mostrando cómo el Espíritu mueve al pueblo de Dios (y por lo tanto, eventualmente, a la humanidad) hacia adelante, hacia su plena voluntad. Jesús citaba o enseñaba una porción de la Ley y luego *nos movía hacia adelante* desde el lugar donde estábamos hacia su intención original. Por ejemplo, en vez de la familiar y aceptada ley de "ojo por ojo", Jesús movió el arco de la redención hacia adelante con el "pero yo les digo, ama a tus enemigos y ora por aquellos que te persiguen".[4] Dios está con nosotros y a la vez delante de nosotros, moviéndonos hacia la plenitud.

> **Jesús citaba o enseñaba una porción de la Ley y luego *nos movía hacia adelante* desde el lugar donde estábamos hacia su intención original.**

Un ejemplo de este movimiento redentor en acción durante los tiempos modernos es la esclavitud. Durante siglos, el mundo —en su mayoría—participó de la práctica de comprar y vender a otro seres humanos como propiedad. Era normal. Israel y (más tarde) la Iglesia, participaron de ello e incluso defendieron esta práctica atroz.

Hay muchos versículos en la Biblia que discuten la esclavitud en términos logísticos: Israel está sujeto a un estándar más alto en su trato a los esclavos (para que se afirmen su humanidad y sus derechos)[5] y, en el Nuevo Testamento, Pablo exhorta a los amos a tratar justamente a sus esclavos.[6] Él alienta a los amos a recibir de vuelta a un esclavo que haya escapado de su casa[7] e incluso aconseja a los esclavos sobre cómo servir mejor a sus dueños.[8]

Por cientos de años, muchos cristianos entendieron que estas referencias e instrucciones implicaban que la esclavitud era bíblica y que estaba bien.

Sin embargo, teniendo en cuenta la creación de Dios y los repetidos mandatos proféticos en las Escrituras sobre la igualdad, libertad y justicia para los oprimidos, el sueño de Dios para la humanidad, claramente, no es esclavitud. Eventualmente, la Iglesia se movió a la vanguardia de la abolición porque entendió esta verdad: solo porque la Biblia contenga instrucciones de cómo tratar a los esclavos en un contexto y cultura donde era aceptable tener esclavos, no quiere decir que la esclavitud sea una práctica piadosa o parte del propósito intencional de Dios para la creación. Como tal, la Iglesia ha participado en la trayectoria de la justicia de Dios, viviendo en sus propósitos verdaderos. La esclavitud y el tráfico humano son malvados, y la Iglesia debe ser parte del plan de Dios para restaurar la dignidad y la libertad de cada ser humano. Incluso hoy continuamos rescatando a los atrapados en la maldad de la esclavitud y la trata de personas en nuestros vecindarios e internacionalmente.

Por ejemplo, Christine y Nick Caine fundaron The A21 Campaign con la misión de abolir la injusticia en el siglo XXI. Su obra se concentra principalmente en liberar a las veintisiete millones de personas esclavizadas hoy en el mundo. Con individuos, iglesias y oficiales del gobierno trabajando en equipo, la organización concentra sus esfuerzos en prevenir el tráfico humano, en la protección de víctimas a través de refugios y casas para ayudarlos a que logren estabilizarse, en el enjuiciamiento de los perpetradores mediante el sistema legal a través de complejas asociaciones con el cuerpo policial, los proveedores de servicios y las comunidades.[9]

Toma nota, ahora. Toda esta búsqueda de justicia, toda esta subversión, toda esta defensa y activismo, todo este batallar para erradicar el tráfico humano sucede a pesar del hecho de que no hay realmente *ningún versículo específico en la Escritura que prohíba la compra y venta de seres humanos*. Algunos versículos incluso afirman la manera adecuada para tratar a los esclavos y cuál debe ser su comportamiento.

Y aun así aceptamos y entendemos que la esclavitud es malvada precisamente *gracias a* la Biblia y porque entendemos el propósito creado por Dios para la humanidad. Estamos hambrientos de justicia para los oprimidos precisamente *por* nuestro profundo amor a Dios y nuestro compromiso con la Escritura. El pecado entró al mundo y con él vino la maldad y las injusticias, como la esclavitud. El movimiento redentor de Dios para los esclavos empezó después de la Caída con el trato adecuado para los esclavos, y desde ahí se ha movido, estirado e inclinado hasta llegar a los movimientos abolicionistas de todo el mundo durante siglos, como Underground Railroad, y en los movimientos modernos de hoy día, como la ejemplificada The A21 Campaign, entre otras organizaciones e individuos nobles.

Sumado a la esclavitud, la Biblia, en general, ha descartado la poligamia, la compra y venta de hijas, el apedreamiento, las leyes de pureza levíticas, el requisito de la circuncisión como el símbolo externo de nuestro pacto con Dios, y muchas otras prácticas antiguas culturalmente aceptadas en aquellos tiempos.

Dios todavía está en movimiento, todavía está activo en nuestro mundo actual. La Iglesia ha estado respondiendo al movimiento del Espíritu a lo largo de los siglos, y la desigualdad de género es solo un ejemplo más de la búsqueda de justicia en proceso. La Iglesia tiene una rica y vibrante historia de compasión y activismo. Y sí, con los años, muchas personas han retomado la causa de los derechos de las mujeres en todo el mundo, incluso con la etiqueta *feminista*, nuevamente, precisamente *por* su profunda fe cristiana.

Como feminista cristiana, creo que somos parte de la trayectoria de la historia de redención de las mujeres en nuestras iglesias, en nuestros hogares, matrimonios, paternidades, amistades y en nuestras vidas públicas. Esta trayectoria impacta la historia de la humanidad.

> **Como feminista cristiana, creo que somos parte de la trayectoria de la historia de redención de las mujeres...**

Somos el pueblo de Dios, y estamos avanzando, siempre, encarnando proféticamente y yendo hacia el *shalom* de Dios.

Escarba en cualquier cínico
y encontrarás un idealista decepcionado.

George Carlin

CAPÍTULO TRES
Raíces enredadas

Hagamos una pausa por un momento. Pásame el termo, ¿quieres? ¿Puede alguna de ustedes contar su propia historia? No, la historia solamente nos incluye a nosotras y, si somos del todo honestas, debemos rastrear la línea de tiempo hacia atrás, explorar por la memoria y las motivaciones antes de seguir adelante. ¿Podrías realmente escuchar cualquier palabra de mí sin conocer primero mi historia, sin saber primero por qué algo es importante para mí? Mis comienzos moldearon quien soy hoy. En mi caso, retomaré la historia con una pequeña familia en el oeste de Canadá.

Mis padres fueron criados en los primeros hogares poscristianos. Sus abuelos habían sido religiosos, pero sus padres fueron parte del viraje generacional que se alejó de la asistencia a la iglesia y la afiliación religiosa. Mantuvieron más o menos una conexión con los valores de su juventud, pero la vida se metió en el camino: las guerras y el trabajo de mantener juntos el cuerpo y el alma. Después de todo, las ciudades mineras del norte de Alberta y los campos de trigo y las ciudades de la posguerra del sur de Saskatchewan no se rinden fácilmente; y luego, claro, el alcohol corría a través de la historia, a través de la sangre, a través de los recuerdos; a veces un goteo, a veces un torrente. Mis antepasados —mi familia de sangre— son magníficos, profundamente imperfectos, apasionados, brillantes, excelentes narradores de historias y muy trabajadores.

Mi papá creció en Regina, su pelo color zanahoria es una profecía trillada de su mal genio. Se volvió un poco loco en su adolescencia, lo que le dio muchos dolores de cabeza a su madre. Era el típico hijo de pueblo pequeño y granja, la primera generación en ser criada en la ciudad. Mi madre creció muy frágil y sola; fue el cuarto bebé de una joven esposa de las ciudades carboneras de Alberta. Hubo algunas épocas malas allí mientras crecía en los departamentos de Saskatchewan, pero su familia salió de esa niebla a la gracia sin nombre y comenzó a avanzar hacia la respetabilidad, el perdón y el amor mutuos.

Mis padres se conocieron fuera de su colegio secundario. Mi papá la invitó a un *pub* en horario escolar y, cuando ella le dijo que la llevara de regreso para su examen de mecanografía, él sonrió y dijo: "De ninguna manera". Se enamoraron locamente, del modo en que los adolescentes lo hacen, y en las fotos de su boda no están de pie tranquilamente uno al lado del otro, irradiando satisfacción sobre la vida agradable que les esperaba. No, están unidos fuertemente, con sus caderas flacas y cuadradas pegadas y los brazos apretados uno alrededor del otro.

Mi mamá y mi papá encontraron a Jesús durante mi niñez, de esa forma espectacular en la que todo se pone patas para arriba. Cuando nací, mi madre se sentía inadecuada, no sabía si tenía lo que se necesitaba para amarme todo el camino a través de la vida. Apenas tenía veintitrés años. Se preguntaba qué era el amor, de dónde venía, y por qué y cómo amamos. Ninguna respuesta le parecía suficiente, especialmente cuando mi hermana nació, dos años después. Tenían una pequeña familia feliz en un dúplex color rojo en Regina pero, aun así, el anhelo de algo más se mantuvo. Nuestra niñera adolescente, Leila, fue a un campamento de una iglesia menonita un verano y vino a casa "encendida por Jesús", como se decía en aquellos días. Ella sabía que no éramos cristianos, así que nos compró un disco para niños que se llamaba *Bullfrogs and Butterflies*.[1] Mi hermana y yo memorizamos todas las canciones pop pegadizas con el típico estilo de los setenta sobre cómo nada se comparaba con conocer a Dios (ni siquiera andar en bicicleta). Un día, mientras nosotras estábamos en la escuela, que quedaba cruzando el callejón, mi madre se sentó al lado de nuestro pequeño tocadiscos de plástico y escuchó las canciones sobre ranas toro y mariposas que nacían de nuevo, y lloró y lloró con anhelo; con un dolor en su alma que decía: "Sí, tenías razón, hay algo más. Y *es esto*".

Ella decidió que iríamos a la iglesia, así que todos empezamos en una pequeña congregación presbiteriana del pueblo. Pero, para ese entonces, el desorden que mi padre había escondido cuidadosamente había comenzado a apoderarse de su vida. El joven sabelotodo con problemas de autoridad comenzó a sufrir úlceras estomacales, un desastre tóxico de miedo que le estaba comiendo la vida. Un día, escuchó al ministro de la iglesia leer en la Biblia sobre cómo Jesús sanaba a las personas. Todavía estaba indeciso sobre todo el "asunto de Dios", pero, atormentado por la ansiedad y el dolor de las úlceras, se acercó con sus botas vaqueras y *jeans* ajustados para preguntarle al predicador si realmente lo que decía era en serio.

Mi papá es un verdadero chico canadiense, profundamente desconfiado de la religión, de Toronto, de los políticos y de lo establecido. No le gustaban el olor a iglesia y las campanadas, las manipulaciones ni las peticiones de dinero. Cualquier emocionalismo lacrimoso lo hacía irse corriendo. Pero el reverendo dijo: "*Sí, sí*. Dios pudo sanar y, de hecho, lo hizo". Así que mi papá condujo a casa y se sentó en la sala de estar a orar (creo que podríamos llamarlo *orar*, pero él estaba hablando más que orando). Dijo algo así como: "Bueno, Jesús, ese predicador me dijo que podías sanarme. Si eso es

Mi papá es un verdadero chico canadiense, profundamente desconfiado de la religión, de Toronto, de los políticos y de lo establecido.

verdad, entonces quiero que lo hagas. No quiero úlceras, no quiero esta ira, y ya no quiero que la ansiedad y el miedo sigan dirigiendo mi vida. Así que, si pudieras hacer eso por mí... bueno, ¿comprobaría que eres real. ¿No es cierto?

Puedes decirme "ya he escuchado todo eso antes", pero la verdad es esta: él se sanó. Esa noche. En nuestra sala de estar. Sin fórmulas, sin "formas correctas" de hacerlo, sin citar versículos de la Biblia, ni siquiera con un corazón humilde o contrito. Solo un hombre, exponiendo su situación, como una baraja boca arriba sobre la mesa cuando te toca mostrar tu juego. Y Dios lo encontró ahí, como un torbellino, como el Gran Médico, como un padre, como un hermano, como un amigo, y reconoció que no le estaba mintiendo en la jugada.

Cuando la escuela dominical le pidió a mi madre que diera una clase, ella dijo: "Oh, que gentil, pero no. No estoy lista". Así que solo venía a la escuela dominical conmigo. Asistía a la maestra, le alcanzaba los crayones, acomodaba las sillas. Ella simplemente quería aprender acerca de su Jesús.

Recuerdo a mi madre llorar sobre su Biblia como si estuviese leyendo una carta de amor.

Vi a mi papá levantarse temprano todas las mañanas, sin fallar, y leer su Biblia como si fuera su salvavidas. Escribió a mano oraciones que extrajo de la Biblia. Cuando no pude dormir, mi papá escribió junto a mi nombre que Dios le da sueño a su amada.[2] Cuando estuve enferma, escribió al lado de mi nombre que por las llagas de Jesús yo era sana.[3] Cuando tuve citas con hombres que le hicieron doler la cabeza y pedir fortaleza al cielo, escribió que yo no iba a estar en yugo desigual.[4] (Desearía que esta última fuera broma).

Crecí como tantos otros pequeños discípulos agradecidos, con Biblias gastadas rápidamente por el uso y con corazones hambrientos. No teníamos ninguna tradición o punto de referencia más allá de nuestra (aparentemente errada) traducción de la Biblia, así que cometimos errores y tropezamos, y memorizamos muchos versículos. Y en medio de la lucha, cuando tuvimos desesperanza y miedo, cargados con nuestros graves pecados y fallas, estas palabras sagradas y nuestras conversaciones de nunca acabar con nuestro Salvador y entre nosotros eran el primer lugar al que recurríamos. Siempre estábamos esperando el movimiento de Dios, las respuestas divinas y los milagros innovadores.

Sea lo que fuera que saliera mal en nuestras vidas —las penas de enterrar a padres y amigos, épicas y aún presentes peleas y rencores familiares, niños descarriados, trabajos perdidos, estrés financiero, rebeliones, relaciones rotas, la política eclesiástica, y los fracasos— mis padres estaban casi siempre firmes. Ahora se están acercando a los cuarenta años de casados. No han sido perfectos, pero fueron buenos; no fue fácil, pero valió la pena. Y Dios ha sido más que suficiente.

Ahora, he aquí lo interesante para mí. A través del prisma de los años, veo mi propio matrimonio y maternidad, mi lectura y la práctica de la vida de iglesia: no hubo ningún sentido de jerarquía, implícita o no, en nuestra familia. Mis padres siempre compartieron la responsabilidad de proveer a nuestra familia, así como los ritmos cotidianos de comidas, limpieza, pagar cuentas y trabajo de la casa, y todo lo que incluye la vida familiar.

Luego estaban mi iglesia y comunidad. Nos encontrábamos en el gimnasio de la escuela; nuestros bancos de iglesia eran sillas plegables. Teníamos un piano eléctrico, tal vez panderetas si era un día especial. Cantábamos coros y no aprendí un himno real hasta mis veinte. Hablábamos en lenguas, gritábamos "¡Vamos, predica!" durante el sermón e intercambiábamos cintas pirata de enseñanza de predicadores americanos como si fueran tarjetas coleccionables. No era perfecto, y mucha de la teología era escatología sobrerrealizada, producto de una escuela bíblica no acreditada y literalista. Pero amaba ese tiempo (y todavía lo hago).

Crecí en una comunidad poscristiana, como una de los

pocos cristianos en el revoltijo de la escuela pública, fui educada en una comprensión pluralista de la religión y la vida. La mayoría de mis amigos practicaba alguna forma de humanismo más bien de perfil bajo, una moralidad del "ser bueno" y de filosofía centroizquierdista trabajadora. La mía fue una generación criada por la primera generación poscristiana de Canadá; los padres de mis amigos no los molestaban con la iglesia, ni siquiera para Pascuas y Navidad, así que mi generación explora la espiritualidad mientras aborrece los límites y la exclusividad de la mayoría de las religiones. Somos desconfiados de cualquiera que predique una sola manera de hacer las cosas, desde cómo llegar al cielo hasta cómo resolver una ecuación matemática.

No había muchas megaiglesias en mi mundo. Pero éramos unos niños soñadores del movimiento de la renovación, la tercera ola, sin una pista de nuestro lugar en la historia de la iglesia. Éramos una banda de inadaptados, encontrando a Jesús y naciendo de nuevo una y otra vez. Nuestras comunidades eran más pequeñas, más orgánicas, más chatas en jerarquías. Íbamos porque queríamos estar ahí, no porque alguien esperara que estuviéramos. La comunidad cristiana evangélica —en particular la carismática— aquí en Canadá occidental es tan íntima que podemos jugar "seis grados de separación" solo en dos grados o menos: o sabemos quién eres o conocemos a alguien que te conoce.

Mi papá y yo nos reíamos de la apertura del apóstol Pablo en su primera carta a los Corintios: "Miren bien, amigos, quiénes eran cuando fueron llamados a esta vida. No veo a muchos de 'los más brillantes o los mejores' entre ustedes, ni que sean de influencia, ni que pertenezcan a familias de la alta sociedad. ¿No es obvio que Dios eligió deliberadamente a hombres y mujeres que la cultura pasa por alto, explota y abusa, escogió a estos 'don nadie' para exponer las pretensiones huecas de los que 'son alguien'? Eso deja bastante claro que ninguno de ustedes puede salir adelante por mérito propio ante Dios. Todo lo que tenemos —pensamiento correcto y vida correcta, una pizarra limpia y un nuevo inicio— viene de Dios por medio de Jesucristo".

De acuerdo, eso somos nosotros.

Y cada servicio del domingo al que asistía, había mujeres. Las mujeres profetizaban con honor. Ellas lideraban ministerios claves. Predicaban. Enseñaban. Leían la Escritura. Cantaban. Pasaban el cubo limpio de plástico de helado que usábamos como nuestro plato oficial de diezmo y ofrendas. Enviábamos mujeres a misionar, solteras o casadas, muy lejos de nosotros. Sus sonrientes fotos estaban pegadas a un panel de corcho en el vestíbulo, había una cadena de hilo que marcaba sus ubicaciones en el mapa. Estaba perfectamente cómoda con el título de "pastora" delante de un nombre femenino. Las señoritas de la iglesia cocinaban, alimentaban y bailaban con los bebés al fondo del cuarto, y claro, también estaban al frente. Crecí sin saber que algunos creían que las mujeres no podían o debían liderar, predicar, hablar o seguir el llamado claro de Dios para sus vidas. Para nosotros, no se trataba de tu sexo; se trataba del don que Dios te había dado. No creíamos que los dones del Espíritu estuvieran basados en el sexo.

> **No creíamos que los dones del Espíritu estuvieran basados en el sexo.**

Como dice Barbara Brown Taylor, conocí todas estas cosas cuando era joven pero, de alguna manera, las olvidé.[5]

Luego, mi familia se mudó un par de veces, y eventualmente aterrizamos en la joven y próspera ciudad de Calgary, Alberta. Ahora estábamos en una iglesia más grande y mejor establecida, con estructura y reglas. La iglesia era entusiasta y optimista, un espejo de la ciudad en sí misma, palpitando con oportunidades occidentales y dinero fresco. Los jóvenes a menudo eran destinados a "tener un llamado para el ministerio" y luego honrados por el liderazgo. Se les daba responsabilidad, oportunidades de mentoría, el micrófono, una plataforma, y la autoridad mientras que sus llamados eran afirmados y celebrados por la comunidad.

Pero noté que eran todos muchachos. Personalmente, no tenía ningún deseo de predicar (eso persiste hasta hoy), y no me sentí llamada para pastorear o guiar, así que no estaba celosa. Pero tenía amigas que sí deseaban predicar, estaban llamadas al ministerio de la iglesia local o tal vez al campo misionero. Eran inteligentes, ambiciosas, sabias, gentiles; ellas mostraban todas las características reveladoras de liderazgo que la iglesia celebraba.

A veces, estas chicas eran afirmadas como las futuras esposas de ministros o misioneros, las buenas mujeres destinadas a estar detrás de los grandes hombres. Todos los chicos del equipo de liderazgo contemplaron sus futuras esposas dentro de ese grupo de chicas.

Tenía dieciocho años cuando me mudé de mi casa. Mis padres y hermana me dejaron en Oklahoma en la Universidad Cristiana Liberal de Artes, y lloraron todo el camino de regreso a Canadá. Las llamadas a casa costaban mas en esos días; no había Facebook, y el correo electrónico era nuevo y poco probado. Estaba bastante convencida de que uno podía perecer de nostalgia.

Eventualmente, encontré mi equilibrio, y encontré a Jesús de nuevo mientras empezaba a aprender acerca de cómo era la gran familia de Dios. Estaba deslumbrada por todos estos cristianos. *¡Por todos lados! ¡Cristianos! ¡Iglesias! ¡América es asombrosa!* Cambié mi especialidad tres veces en un esfuerzo por encontrar la manera de ser escritora y ganarme la vida al mismo tiempo sin tener que enseñar inglés en una escuela secundaria; y obviamente, Brian y yo nos encontramos. Algo mucho mejor que mi plan de viajar por Europa después de la universidad antes de establecerme y rentar un estudio en Montreal o Nueva York mientras "encontraba mi voz" como escritora. En cambio, corrí por el pasillo de la capilla en mi vestido de novia hacia un nebrasqueño alto y constante, con una feroz ética del trabajo. En la foto de nuestra boda parecemos una pareja de niños en su graduación.

Éramos terriblemente jóvenes, con el rostro lozano y solo cuatro meses de casados a cuestas cuando nos mudamos a Texas.

Estaba en la primera fase de lo que sería una larga temporada: cada vez más cínica, cansada, cuestionando, dudando, desilusionada de la iglesia y de la institución del cristianismo. Estaba profundamente internada en el territorio de la segunda generación de cristianos de la familia. Brian sirvió como pastor de jóvenes y universitarios en una iglesia evangélica cada vez más grande, mientras yo trabajaba en la comercialización de servicios financieros. Puede que les haya dicho amargamente a algunas personas: "Esto no es un dos por uno", cuando me preguntaron inocentemente cuál sería mi rol en el ministerio de Brian.

La iglesia a la que asistíamos tuvo una historia de igualitarismo. Cuando el pastor murió repentinamente, su copastora y esposa dio un paso adelante como líder principal. Algunos en la conservadora ciudad de Texas miraron con recelo a la pastora Kathleen y su elegante cabello rubio, pero ella lideró la iglesia por algunos años, administrando el personal de pastores y predicando semanalmente.[6] Para el momento en que llegamos, se había mudado a otra iglesia, así que no había más pastoras, y las mujeres tenían pocas posiciones claves dentro del liderazgo. Creo que no fue necesariamente un descuido intencional o una decisión, sino el modo en el que sucedieron las cosas.

Una mujer administraba el ministerio de niños. Su rol era casi idéntico al rol de mi esposo en la pastoral de jóvenes: ella predicaba, preparaba sermones, organizaba programas, aconsejaba, amaba a los niños, entrenaba a los líderes, asistía a reuniones de estrategia y administraba un presupuesto, entre otras tareas del personal tales como reuniones de oración y visitas al hospital. Y aun así, la iglesia llamaba a mi esposo *pastor Brian*, y ella era solo *Lisa*. No podía entender por qué su título oficial era *directora* en vez de *pastora*. Me dijeron que la omisión de *pastora* de su título era "para guardar las apariencias" —es decir, evadir un desafío directo a ciertos pasajes de la Escritura sobre el silencio de las mujeres en la iglesia— o porque "tú sabes, el hecho de que las mujeres no pueden ser pastoras y todo eso". Una persona me dijo que era también porque, si ella tenía el título de pastora, sería automáticamente parte del equipo ejecutivo, y el equipo necesitaba estar compuesto solo por hombres porque las mujeres cambiarían su dinámica. Se creía que su presencia en las reuniones significaría que los hombres no podrían ser tan honestos o abiertos; que alteraría la delicada estructura de responsabilidad y el diálogo sincero de los santuarios interiores del liderazgo de la iglesia. Lisa no dejó que la falta de un título la retuviera a la hora de construir un ministerio complejo y fuerte centrado en disciplinar a los niños en los caminos de Jesús. La semántica y los títulos no eran lo que la preocupaba; ella *pastoreaba* a esos niños y a sus padres, ya sea que alguien la quisiera llamar pastora o no.

Tras mi introducción a la cultura de la Iglesia en general, descubrí que la forma en que crecí, particularmente en términos de "mujer en un ministerio", no era común. En todos lugar donde volteaba, los sermones evangélicos sobre el matrimonio estaban llenos de chistes como: "Oh, ya saben cómo son las mujeres". Hablando en general, las mujeres eran percibidas como suaves, emocionales, y naturalmente listas para criar, mientras que los hombres estaban posicionados como líderes naturales, reacios a hablar sobre sus relaciones, y hambrientos de mucho sexo. Las relaciones masculinas y femeninas fueron enmarcadas como cuentos de hadas donde a las mujeres se les alienta a ser recibidoras pasivas y a los hombres los rescatadores heroicos o competidores en un concurso de ejercicio de combate y negociación. Había muchas charlas en aquellos días acerca de la "feminización de la Iglesia" y cómo los hombres necesitaban dar un paso al frente y ser *hombres*, que aparentemente se asemejaba más al ideal de dictadores benevolentes que al Hijo del Hombre. Estaba realmente desconcertada. Cuando miraba a mi esposo, e incluso al matrimonio de mis padres, esto no sonaba a cierto. ¿Desde cuándo el "fortalecimiento" de un hombre real requiere la reverencia o disminución de la mujer que ama?

En aquellos días, el ministerio de mujeres se concentraba primordialmente en madres casadas que fueran amas de casa. Trabajé en una vertiginosa industria financiera junto con muchas otras mujeres fuertes, bien educadas y abiertamente cristianas de una variedad de tradiciones (esto era Texas, después de todo) —líderes, referentes, financieras, tomadoras de decisiones— y ni una sola vez se le pidió a ninguna de estas mujeres que ayudara a administrar los asuntos financieros de su propia iglesia, ni se les nombró como ancianas o diáconos.

Durante esta temporada de mi vida, mientras más aprendía sobre Jesús, más luchaba con las iteraciones del cristianismo alrededor de mí. Mucho de lo que vi o experimenté en la iglesia moderna no coincidía con lo que pensé que sabía sobre el Dios eterno. Mi desencanto creciente no se limitaba a los roles de la mujer en la iglesia, sino a que estas "cuestiones de damas" eran una rama más en la espesura de mis frustraciones con la Iglesia.

Mientras más aprendía sobre Jesús, más luchaba con las iteraciones del cristianismo alrededor de mí.

Empezó con las pequeñas preguntas, las fáciles de guardar en el armario e ignorar. Podría ahogar estas preguntas y la disonancia cognitiva si citara los suficientes versículos bíblicos, si fuera lo suficiente a los servicios de la iglesia, si estuviese ocupada "haciendo cosas difíciles para Jesús", si hiciera otro plato de comida para algún vecino, si guiara otro retiro de jóvenes, organizara otro estudio bíblico, comprara otro devocional encuadernado en cuero con una flor desplegada en la portada, si me tranquilizara más o tratara de adaptarme a la comprensión cada vez más pequeña de seguir a Jesús.

Pero mis preguntas y dudas tenían el mal hábito de forzar la puerta, reunir amigos y crecer e intensificarse constantemente, como si mi negación decidida de su existencia las alimentara y regara.

Fui atraída hacia una vida de paz redentora y búsqueda de la justicia. Sin embargo, las iglesias de mi contexto y tradición estaban en una extraña colisión con la política y la filosofía de la *guerra justa* cuando comenzó la Guerra de Irak. Peleé contra la retórica cultural que rechazaba a inmigrantes, homosexuales, artistas, beneficiarios de la caridad, pobres, no americanos, y a cualquiera que luciera diferente o viviera diferente de lo que se esperaba. Las costumbres culturales se disfrazaban de mandatos bíblicos. El evangelio del "dame más y tendrás más prosperidad" no coincidía con mi creciente compromiso con el contentamiento de la vida sencilla. Quería que mi ética provida abarcara toda la vida humana.

Por primera vez en mi vida, estaba leyendo y aprendiendo sobre el mandato de la Iglesia de cuidar a los pobres. Estaba leyendo vorazmente acerca de los problemas globales tales como la falta de agua limpia, el desarrollo comunitario, la guerra, el tráfico humano, la economía, el socorro en casos de desastre, las crisis del SIDA, los males sistémicos injustos. Mientras tanto, el presupuesto de la iglesia aprobaba un nuevo espectáculo de luces y un sistema de sonido deslumbrante o un viaje a Disney o un salón de vídeo en un barrio lujoso, todo en un esfuerzo creativo de mercadotecnia. Y los ricos se hicieron más ricos. Mientras más aprendía sobre la vida, el mundo y las tragedias que avanzaban más allá de nuestros programas de construcción aparentemente sin sentido y las escuelas cristianas y el trabajo misionero, más me dolía, me lamentaba y me arrepentía de mi propio pecado y ceguera. Lo cuestionaba todo, incluyendo mi propio compromiso de apuntalar este sistema.

Las grietas se multiplicaban en todo mi corazón, y cuando volteaba hacia la Iglesia para obtener respuestas, no sentía que mis preguntas fueran bienvenidas. Esto podrá haber sido mi propio orgullo y ceguera voluntaria, pero no parecía haber lugar para mí como mujer que cuestiona dentro del sistema, como buscadora. Me estaba esforzando para abarrotar mi aluvión de preguntas dentro el armario. Mi fe obstinada no se alineaba con las grandes y amplias prioridades y enfoque de la Iglesia. ¿Todo el subtexto de que las mujeres no podían hacer tal o cual cosa o lo de "he aquí lo que hace una verdadera mujer bíblica" o lo de someterse y quedarse en casa y tener bebés? Bueno, añade eso a la pila que se hacía más grande día a día.

¿Recuerdas los dibujos animados de sábado por la mañana donde el armario de la habitación estaba repleto de juguetes apilados a último momento por los niños, y luego la pobre madre abre la puerta y todo se cae, atropelladamente, tambaleante, sobre su cabeza? DESPLOME. Sí. Yo también. Y eso es exactamente lo que sucedió con mi armario repleto de dudas, preguntas y heridas.

Colisión.

No tengo certezas. ¿Acaso Dios es real? ¿Qué hay acerca de la Biblia? ¿La iglesia? ¿La gente? ¿La vida? ¿El significado? ¿La pérdida? ¿El dolor? ¿La desilusión? ¿El cansancio del alma? ¿La bondad? ¿La maldad? ¿La tragedia? ¿El sufrimiento? ¿La justicia? ¿Las mujeres? ¿La igualdad? ¿La política? No sé nada, nada, nada.

Y no es porque no tuviera las "respuestas" (claro que no). Tenía alineadas todas las hojas de trucos de apologética fotocopiadas en una carpeta de tres anillos perfectamente etiquetada, con párrafos resaltados para responder a las preguntas milenarias, todo en tres líneas o menos. Me aferré más y más a sus "respuestas", pero la arena seca de mi base se estaba escurriendo entre mis puños apretados, más rápido cuanto más quería aferrarme.

Eventualmente dejamos el ministerio vocacional y a tiempo completo, en buenos términos y con bendiciones a nuestras espaldas, y permanecimos como buenos amigos con la mayoría de nuestra familia eclesial allí. Ahora puedo ver que toda esa experiencia fue un regalo para mí, en todo sentido. También tengo serios arrepentimientos sobre la forma en que procesé muchas cosas en este viraje y cambio; he tenido que pedir perdón a varios amigos y líderes. Pero las preguntas eran legítimas y me embarqué en un viaje a través del desierto de mis maravillas con una sonrisa de "lo he visto todo" en mi cara y un dolor profundo en mi alma.

Aun así, Dios organizó un banquete en esos lugares inhóspitos y cursos de agua fluyeron en el desierto; y caminé y caminé y camine a través del dolor de la desilusión y la desesperación, inclinándome contra el viento.

Nos mudamos a Canadá. Abandonamos nuestros planes de plantar una iglesia en ese contexto, al menos de la manera en que nos habían enseñado a hacerlo en América. En su lugar, abrazamos un nuevo entendimiento de iglesia y comunidad, de vocación y ministerio, de fe orgánica y vivencia misionera. Estábamos solos. Y empezamos a sanar, al principio lentamente, y luego cada vez más rápido.

"No puedes ser un cristiano solitario", escribe Sara Miles.[7] Yo lo intenté.

Traté de ser una cristiana solitaria. Y en mis heridas más profundas de parte del Cuerpo de Cristo, me ayudó esconderme como en un capullo por un tiempo. Ayudó dar un paso al costado de las instituciones de la iglesia, en un apagón autoimpuesto de programas y de sus vicios, de la política, la religión, las expectativas, la modificación del comportamiento, los cursos de liderazgo al estilo CEO, los inestables pedestales para pastores y la forma en que la rutina de la vida moderna del ministerio parece masticar y escupir nuevamente, y de la espiritualidad de consumo fácil.

Los desiertos me transformaron de un modo en que ninguna "elevación espiritual", certeza o momento en la cima de la montaña jamás podrían haberlo hecho. Me quite mucha ansiedad por mi rendimiento en esos años "intermedios". Me reconcilié con lo que creía y por qué lo creía. Abracé el glorioso caleidoscopio de Dios operando en el mundo global. Y lo más importante, esos lugares salvajes fueron el nacimiento de mi intimidad con Dios. Jonathan Martin escribe: "Lejos de ser un castigo, un juicio o una maldición, el desierto es un regalo. Es donde podemos experimentar el gozo primordial de ser plenamente conocidos y deleitados por Dios".[8]

Dejé de aferrarme a mis propias opiniones. Entré en

rehabilitación de ser una sabelotodo. Dejé de esperar que todos experimentaran a Dios o a la iglesia o a la vida como yo pensaba que deberían. De hecho, renuncié por completo al uso de la palabra *deber* sobre Dios; busqué a Dios, y él fue fiel en responderme. Llegué a conocerlo como "Abba", como un *Papi*. Me liberó de la adicción paralizante a la aprobación, de mi Complejo Evangélico de Héroe, del miedo al hombre. Me lavó los pies, vendó mis heridas, le dio descanso a mi alma, restauró el gozo de la iglesia y la comunidad en nuestras vidas. Aprendí la diferencia entre el pensamiento crítico y ser simplemente crítica. Y encontré que él es más que suficiente, siempre será más que suficiente. Ayer, hoy, por siempre.

Ahora, tantos años después, me maravillo. Me maravillo porque Dios estuvo ahí *en* el dolor. Me maravillo porque esta vida que llevamos en nuestra casa en Canadá no es lo que hubiésemos imaginado

Aprendí la diferencia entre el pensamiento crítico y ser simplemente crítica.

para nuestras vidas, sino que *es mucho mejor*. Y me maravillo porque tengo casi todo, levemente, en mis manos. Todo menos esto: la naturaleza, la identidad, el alma, la acción, y el carácter del Dios que es amor.

Todo resucitó desde esa verdad. Y ahora, para mí, la fe se trata menos sobre el edificio de ladrillos de las creencias, doctrinas y respuestas y más sobre un cielo bien abierto, rodeado de pinos negros contra una fría puesta de sol, un altar, una bienvenida, pan y vino, un amor insondablemente feroz y un profundo sentido de saber cuán amada soy.

Es tentador hacer una regla a partir de mi experiencia y decirte exactamente qué pasó, mi paso a paso en la redención y reconciliación (como si porque Dios trabajó de esta manera conmigo, seguramente deberá trabajar igual contigo), pero no. Este nacimiento de gozo, bondad y restauración es solo mío, único. Tú tienes el tuyo. O creo que lo tendrás.

Mientras me estaba preparando para el parto, aprendí cuánto del dolor de la mujer durante ese momento está relacionado con nuestros miedos y resistencias al dolor. El Dr. William Sears llama a esto *el ciclo de miedo-tensión-dolor*.[9] Porque tenemos miedo, naturalmente contenemos y tensamos, y luego hay más dolor, así que experimentamos aún más miedo, y así sucesivamente una y otra vez, retornando con más intensidad en cada vuelta. Para interrumpir el ciclo, necesitamos rendirnos a lo que está sucediendo, ya mismo. Debemos apoyarnos *en* el dolor en vez de resistirlo.

Cada vez que di a luz, tomé todo lo que había en mí para liberar la tensión, rechazar el miedo, para abrirme a lo que mi cuerpo estaba haciendo. Cuando lo hice, experimenté la diferencia notoria que trae el inclinarse al dolor y a las sensaciones durante el parto.

Parece contraintuitivo; deberíamos huir del dolor, ¿no? Pero créanme: apoyarse en el dolor hace que parir sea más fácil.

Debería ser la madre de siete hijos, pero solo hay tres pequeñitos con nosotros. Cree esto: aprendí a apoyarme sobre cierto dolor. Aprendí a dejar que el dolor esté ahí, que sea parte de mí, sin temerle, sin juzgarlo, sin rechazarlo, porque todo esto es parte de la lucha del nacimiento y la vida.

Y el dolor, de alguna manera, eventualmente, abrirá camino a la bendita liberación y al alivio; y, con suerte, al gozo.

Eludiré las prescripciones y los "cómo" por nuestra propia salud. En lugar de eso, si estás luchando para romper ese ciclo de miedo-tensión-dolor, te contaré un poco más acerca del Dios al que amo tan salvajemente. Pero recuerda, el subtexto de todo esto es esta verdad: *apóyate en él*.

Apóyate en el dolor.

Quédate en las preguntas, en las dudas, en las perplejidades y soledades, en la tensión de vivir el *Ahora y el Aún No* del Reino de Dios; en tus daños, heridas y dolores, hasta que estés satisfecho de que Abba también está ahí. No encontrarás respuestas ignorando los llantos de tu corazón o viviendo una vida de deshonestidad intelectual y espiritual. Tu miedo tratará de retenerte, tu tensión incrementara, el dolor se volverá más intenso, y será tentador seguir aferrándote fuerte a la vieja vida; el ciclo es verdad. Así que sé gentil contigo mismo. Sé gentil cuando liberes por primera vez. Habla con personas de tu confianza. Ora. Apóyate en el dolor. Quédate ahí. Y el desahogo vendrá.

Sé que tienes preguntas, y que son mucho más grandes que todos esos problemas de iglesia-mujeres-feminismo-igualdad. Lo sé. Yo también. Así que te llevaré en mi corazón. Quédate tanto como quieras; no tengo apuro. La prisa hiere al alma que se cuestiona.

> **La prisa hiere al alma que se cuestiona.**

Mi agua en el desierto llegó en vasos hechos por las manos de aquellos que aman el evangelio. La encontré justo debajo de mis narices, en personas que aman a Dios y aman a otros; sus vidas fueron una experiencia de gracia, como despertarse con el aroma de sales. A veces fueron las mismas personas que tuve cerca de mí durante aquellos años de cuestionamiento y aislamiento en Texas. Mi pérdida es esa: en mi orgullo, no las vi ahí en ese momento. Donde sea que mire ahora, veo discípulos que perdonan y sirven sin fanfarria o libros elegantes, sino trabajando en silencio por la justicia y la misericordia. Aman a los no amables, a los marginados, a los que no tienen esperanza; lavan platos y crían bebés; trabajan en Surrey, en Puerto Príncipe y en San Antonio por su gran amor a Dios. Creen que Jesús realmente quiso decir todas las cosas que dijo mientras estuvo en la tierra, así que están misionando; son *pacificadores*.

Jesús dijo: "Tienen que empezar con sus propias *vidas dadoras de vida*. Lo que cuenta es quiénes son, no lo que dicen y hacen. Su propio ser reboza en palabras y hechos verdaderos".[10] No puedes estar lleno hasta rebosar del amor y la paz de Cristo sin derramarlo hacia las vidas de otros. Aprendes cómo amar al ser amado. Anhelas sanar una vez que fuiste sanado. Recibimos la bondad y el pan, y luego, claro, queremos señalar a cualquier otro hambriento que pide la ruta a la fuente.

*En aquellos días,
derramaré mi Espíritu incluso sobre mis siervos
—hombres y mujeres por igual— y ellos profetizaran.*

Hechos 2:18

CAPÍTULO CUATRO

Las mujeres silenciosas (?) de Pablo

El camino de Cristo es angosto. Mientras caminamos, luchamos con el corazón, nos hacemos preguntas y oramos por sabiduría y gracia, valentía y compañía. Cuando los versículos bíblicos bienintencionados, simplistas, que repetimos como loros, pisotean los delgados lugares entre el Espíritu y mi humanidad con la misma sutileza que un niño torpe de cuatro años, algo en mí me pide que respire hondo (no son simplemente "problemas" o "debates", ¿no es cierto?). Este mismo libro, nuestra conversación, esta "cuestión" representa a personas con vidas reales, historias reales y corazones reales, matrimonios e iglesias reales, y necesidades muy reales y complejas. El mundo les está fallando a las mujeres, y nosotros, el pueblo de Dios, conocemos la solución: los caminos de nuestro amado Jesús y su Reino son buenas noticias en todo el sentido de la frase.

Para algunos, la teología puede parecer un poco premonitoria; para otros, aparentemente es todo un deporte sangriento, emocionante, con cuadriláteros en los que se enfrentan grandes nombres. Siendo realistas, la teología se trata simplemente de lo que pensamos acerca de Dios y de cómo hacemos para vivir esa verdad en nuestra vida aquí y ahora.

De todas las disciplinas espirituales, leer mi Biblia es lo que más fácil me ha resultado. Siempre fui una chica de letras. Cuando

> **Siendo realistas, la teología se trata simplemente de lo que pensamos acerca de Dios y de cómo hacemos para vivir esa verdad en nuestra vida aquí y ahora.**

me sentía una adolescente incomprendida, mis padres encontraban cartas en sus almohadas explicando mis opiniones en detalle u ofreciendo una disculpa abyecta por algún estallido. Cuando ese chico alto del medio oeste dejó cartas escritas a mano en los apartados de correo de mi campus por toda la universidad, las metí en cajas de zapatos y luego me casé con él.

El camino a mi corazón siempre ha sido la palabra escrita. Ahora, después de todo este tiempo, de todo este amor que forcejea, encuentro que cuando escribo o hablo, las palabras de la Escritura se entrelazan fácilmente, a veces sin saberlo, como el vino que se mezcla con el agua.

Las personas quieren respuestas radicales, pero la Escritura es un arcoiris que atraviesa el cielo tormentoso. Nuestro libro sagrado no es un libro de respuestas indexadas o un manual de vida; también es una gran historia, misterio, invitación, verdad y sabiduría, y una carta de amor apasionado. He abandonado la idea de que mi trabajo sea obtener las respuestas absolutas y cien por ciento correctas sobre todo. Y mi tarea aquí, en este libro, no es silenciar toda discusión o encontrar las llaves mágicas que desbloqueen un "¡Esta es la respuesta! ¡Caso cerrado! ¡Se levanta la corte!".

Quiero que peleen con la Biblia. Háganlo. Luchen hasta que, como Jacob, caminen cojeando para siempre, y reciban la bendición del Señor.[1]

Así que, ¿pueden ser feministas de Jesús y aun así respetar la Biblia por lo que es en vez de por lo que quieren que sea?[2] ¿Y cómo pueden abogar por la inclusión de las voces y las experiencias de las mujeres en todo nivel en la iglesia y el liderazgo, cuando la Biblia dice claramente que las mujeres en la iglesia tienen que ser silenciosas y sumisas?

A menudo escucho esta frase típica de pegatina automóvil: "La Biblia lo dice, yo lo creo, y eso lo resuelve". Pero no es del todo verdad, ¿no? Ya sea que lo admitamos o no, como personas de fe, tamizamos nuestra teología a través de la Escritura, la historia de la Iglesia y la tradición, nuestra razón y nuestra experiencia.[3] La mayoría de los cristianos, incluso el público más comprometido con la *sola escritura*, usa estos cuatro pilares —en diferentes grados de importancia y fuerza— para imaginarse los caminos de Dios en nuestro mundo y lo que significan para el aquí y ahora, para nuestras vidas normales. Y, si llevamos esto un poco más hacia el territorio posmoderno, también podemos admitir que dependemos de nuestra interpretación imperfecta y subjetiva de estos pilares.

Creo que es erróneo, y probablemente profano, considerar una colección diversa de libros escritos durante cientos de años —historia, poesía, ley, relatos del Evangelio, proverbios, correspondencia y otros escritos— como instrucciones literales absolutas sin contexto, tal como las entendemos, en todos los casos. Por ejemplo, algunos evangélicos han convertido a Proverbios 31 en la descripción del trabajo de la mujer en vez de lo que realmente es: una bendición y una afirmación del valor de las vidas de las mujeres, memorizadas por los maridos judíos con el propósito de honrar a sus esposas en la mesa familiar. Está destinada a ser una celebración de valor para los momentos rutinarios en el día a día de las mujeres, no un estándar agotador e imposible.[4]

En el bosque del evangelio podemos llegar a perdernos por los "árboles del literalismo". Tratamos de hacer que la poesía y la metáfora, las historia y cartas, encajen en un cuadro prescriptivo y literal en todos los casos. Nos hemos embarcado en la aventura de perder el punto, cubriéndonos con un soberbio, religioso y pegadizo "¡Lo dijo Dios!". Nos complacemos con semántica y nos deslizamos por un tobogán retórico para justificar la injusticia. Leemos unos cuantos versículos sobre las mujeres en el vacío del literalismo y la pereza orgullosa.

Es peligroso elegir algunos versículos independientes, particularmente cuando son usados como un arma para silenciar e intimidar, y mandar a la banca a la mitad de la iglesia[5] en el medio de la temporada de cosecha santa cuando hay mucho fruto que recoger y los trabajadores son pocos.[6]

Pero es igualmente peligroso seguir haciendo lo que "sentimos" que es correcto. No podemos ignorar ninguna porción de la Escritura simplemente porque hace que nuestros seres (pos) modernos se pongan incómodos. No podemos simplemente descartar las partes de la Biblia que no nos gustan; no si nos autodenominamos seguidores de (todo) El Camino. Tampoco debemos sopesar los deseos o prácticas de nuestra propia cultura y experiencias personales con la exclusión de las Escrituras, la tradición o la razón. El teólogo N. T. Wright cree que afirmar la "autoridad de la Escritura" es precisamente "no decir: 'Sabemos lo que la escritura quiere decir y no necesitamos hacer ninguna otra pregunta'. Es una forma de decir que la iglesia en cada generación debe hacer nuevos y rejuvenecidos esfuerzos para comprender las escrituras más plenamente y vivirlas más a fondo, incluso si eso significa traspasar las tradiciones más preciadas".[7]

Entonces, lo admitamos o no, interpretamos la Escritura a través de nuestros propios lentes, contexto, historia y cultura. Debemos aprender más acerca de la cultura y el contexto de la Biblia. Necesitamos leerla del modo en que los escritores quisieron darle sentido y del modo en que los lectores inmediatos la hubiesen leído.

Tal vez, solo tal vez, no podamos leer versículos singulares o capítulos sueltos; tal vez no podamos leer cartas escritas a lectores específicos con situaciones específicas en mente en un contexto específico y luego aplicarlas, descuidadamente, a toda la humanidad, a la iglesia o incluso en nuestros pequeños seres. Tal vez necesitamos sabiduría, introspección. Necesitamos al Espíritu Santo. Tal vez necesitamos a Jesús como nuestros mejores y más claros lentes; también necesitamos toda la Escritura. Después de todo, Jesús es la Palabra del Dios encarnado.

Es probable que también necesitemos algo de café fuerte.

Si estás buscando ese versículo clave de la Biblia que hace que todos tus

Tal vez no podamos leer cartas escritas a lectores específicos con situaciones específicas en mente en un contexto específico y luego aplicarlas, descuidadamente, a toda la humanidad o a la iglesia.

cuestionamientos se vayan, lamento decepcionarte. Tuve que reírme mientras investigaba, porque, honestamente, hay demasiado material, y casi todo se contradice entre sí. Y ahí radica la cuestión y la raíz de las preguntas y los problemas que nos han convocado aquí. Incluso el respetado erudito Dr. Stackhouse escribe con franqueza:

> Había estado leyendo otra explicación de 1 Timoteo 2:11-15, fácilmente uno de los pasajes más oscuros de los clásicos en esta materia. Recuerdo claramente casi en su totalidad —más de veinte años después— estar apoyando el libro boca abajo en mi regazo y darme cuenta de lo siguiente: nadie podría explicar este pasaje. Para estar seguro, había estado leyendo más de una docena de intentos para hacerlo. Algunos de ellos eran ingeniosos; algunos eran, incluso, probables. Pero me impresionó, con una fuerza digna de hacer tambalear paradigmas, que nadie pudiera explicar todas las cláusulas de este pasaje con plena plausibilidad. Fue

ahí que empecé a pensar que este problema era cierto no solo para las exposiciones de este texto sino para toda la cuestión de género. Ninguno de los que había leído (y había leído unos cuantos) podía poner todos los textos relevantes juntos en un solo rompecabezas terminado, sin piezas que sobren, sin ningún constructo para rellenar los huecos o sin forzar las cosas para que lleguen a cierto lugar… No deberíamos esperar a llegar a una conclusión teológica hasta el día feliz en donde hayamos organizado todos los textos relevantes. En su lugar, deberíamos buscar en todos los textos tan abiertos de mente como podamos y ver si entre las diversas interpretaciones contrapuestas hay una que tenga más sentido que la mayoría de los textos, y especialmente los más importantes…. ¿Para qué más hacemos teología?[8]

¿Qué más podemos hacer ahora sino esto? Confiamos en que el Espíritu Santo nos conducirá y guiará hacia toda verdad. Confiamos en que somos sus ovejas y conocemos la voz de nuestro Pastor. Y luego hacemos nuestro mejor esfuerzo para trabajar en lo que Dios ya está haciendo. Así que, si bien no voy a exponer en detalle cada versículo que menciona a las mujeres en el Nuevo Testamento —otros lo hacen mucho mejor de lo que yo podría, y he listado algunas de mis fuentes en la parte final de este libro— espero proveerte de unos lentes a través de los cuales puedas ver la Escritura y embarcarte en un nuevo viaje a través de la Palabra por tu cuenta.

Ahondemos en ello, ¿sí?

Las mujeres deben guardar silencio durante las reuniones de la iglesia. No es apropiado que hablen. Deben ser sumisas, tal como dice la ley. Si tienen preguntas, que le pregunten a su marido en casa, porque no es apropiado que las mujeres hablen en las reuniones de la iglesia.

1 Corintios 14:34–35 (NTV)

Las mujeres deben aprender en silencio y sumisión. Yo no les permito a las mujeres que les enseñen a los hombres ni que tengan autoridad sobre ellos, sino que escuchen en silencio.

1 Timoteo 2:11–12 (NTV)

Ahora, respira hondo. Yo misma tuve que hacerlo.

Esos versículos bíblicos vienen cargados, ¿no es así? Como mujeres, usualmente escuchamos este mandato de ser sumisas y silenciosas en el contexto de nuestras almas siendo destrozadas de múltipes maneras; y el arco de nuestras interpretaciones tiene implicancias reales, dolorosas y a veces peligrosas.

Es tentador meter de manera compacta los roles de las mujeres en estas pocas líneas de la Escritura y encogerse de hombros con resignación o triunfo: "Bueno, yo no lo dije; fue Dios".

Creo que todas las Escrituras son inspiradas por Dios. ¿Y estos pasajes? Parecen palabras duras, pero sí: inspiradas por Dios. Aun así, nuestras escrituras no son una colección de *tweets* de 140 caracteres o encabezados de las noticias del cable hechos para digerir entre los chismes de las celebridades y el pronóstico del clima.

Los versículos mencionados son de las cartas de Pablo. No son una lista exhaustiva de reglas y sus excepciones. No son estándares universales sin contexto o propósito.

No, son una porción de cartas del apóstol Pablo, inspiradas por el Espíritu Santo, escritas a personas específicas en ciudades específicas para situaciones específicas que habían surgido. En este mismo tipo de cartas pidió que le trajeran un abrigo que había olvidado en uno de sus viajes, recordó conversaciones y envió sus saludos personales. Así como nuestras propias cartas entre amigos o familia, hay una historia de fondo y compartida en cada letra, implícita y entendida.

La imagen completa de la Iglesia o del ministerio de Pablo no se encuentra en dos versículos. Así que estas partes de la Escritura, frecuentemente usadas para oprimir a las mujeres o negarles oportunidades o darle lugar al patriarcado, deben ser entendidas en el contexto de toda la Escritura.

Las mujeres en la comunidad de Dios estaban guiando, enseñando, ministrando y profetizando en el tiempo en que Pablo les escribió a las iglesias de Timoteo y a los Corintios. Estas mujeres estaban haciendo esto en cumplimiento de las palabras proféticas del apóstol Pedro en Hechos 2:18: "En esos días derramaré mi Espíritu, aun sobre mis siervos —hombres y mujeres por igual— y profetizarán". (NTV)

Y las mujeres estaban haciendo estas cosas con todo el aval y aparente bendición de los líderes de la iglesia, incluyendo a Pablo. De hecho, algunos versículos antes, en 1 Corintios 14:39, Pablo estaba *alentando* a las mujeres de la iglesia a que profetizaran junto con sus hermanos. Entonces, ¿tal vez su orden para que las mujeres guarden silencio no es para todos los tiempos, todos los lugares, todas las mujeres?

Me es de ayuda discernir el significado de estos pasajes para aplicarlos al resto de la obra del escritor. En una carta a la iglesia de Galacia, Pablo escribió: "Ya no hay judío o gentil, esclavo o libre, hombre o mujer. Porque todos son uno en Cristo Jesús".[9] La misma idea también fue compartida con la iglesia de Colosas, a la que Pablo escribió: "En esta nueva vida no importa si eres judío o gentil, circunciso o incirciso, bárbaro, incivilizado, esclavo o libre. Cristo es todo lo que importa, y él vive en todos nosotros".[10]

John Stackhouse dice que es crucial entender que, cuando Pablo escribe estas cartas, le estaba dando a la iglesia algunas instrucciones de cómo "sobrevivir y triunfar en una cultura patriarcal que él cree que no va a durar mucho[11] y mantener y promover la dinámica igualitaria que ya estaba operando en la carrera de Jesús y que, a su debido tiempo, dejará atrás las líneas de género".[12]

En Corinto, como en cualquier otro lugar donde se predicó el evangelio, las mujeres habían acudido a la iglesia, junto con los esclavos, los pobres, los débiles y los niños. Era revolucionario ser tan valorada, amada, cuidada y afirmada (algo que, para algunas hijas de Dios, no es difícil de relacionar con el presente).

Cuando observamos estos pasajes o cartas a través de los lentes de nuestra cultura igualitaria y moderna, claro, parecen poca cosa, incluso podrían resultar ofensivos. Pero, en una cultura patriarcal, las mujeres nunca eran incluidas en la enseñanza, alentadas a profetizar ni dignificadas como participantes. Recuerda: esta era una época en la que las mujeres no eran bien educadas más allá de la esfera de sus tareas en el hogar, mucho menos en la adoración y discusiones públicas. Muchos académicos creen que, en la euforia de su nueva libertad, un grupo de mujeres interrumpió la reunión con preguntas y opiniones, y Pablo, como recordatorio, les pidió que aprendieran en quietud y lo conversaran con sus maridos en casa. Que las reuniones no eran el lugar adecuado para hacer esto.

Incluso la recomendación de Pablo de que las mujeres debían preguntarles a sus maridos si tenían preguntas era revolucionaria para aquel período de tiempo. ¡Estaba alentando a las mujeres a aprender! A que hicieran preguntas y buscaran respuestas, para que participaran plenamente en la comunidad. Todos —incluso los judíos— excluían a las mujeres de la educación, entrenamiento religioso y participación (con excepción de la prostitución en el templo en la adoración pagana).

Pero cuando Pablo escribió esta carta a la iglesia en Corinto, estaban en desunión y desorden. Estaban discutiendo. Les escribió, como pastor y amigo, que lidiaran con el espíritu de división entre ellos. En un esfuerzo por acallar el caos que acompaña los estallidos de profecías, el hablar en lenguas y las mujeres cuestionando o interrumpiendo, algunos miembros de la iglesia que anhelaban una adoración ordenada de manera legítima intentaron clausurar estas actividades completamente. Pero, como escribe David Hamilton, Pablo claramente "quería que todos estuvieran involucrados en el ministerio de la iglesia, cada uno contribuyendo según sus dones ministeriales", así que se tomó el tiempo de ir a cada uno de los grupos con correcciones específicas, y luego volvía a ellos en reversa para "defender su derecho de comunicar de manera ordenada y corregir a aquellos que, directamente, los silenciaron".[13]

La intención de Pablo era restaurar el orden en la comunidad de Dios. Y ese orden no incluía el silenciamiento de todas las mujeres.

La intención de Pablo era restaurar el orden en la comunidad de Dios. Y ese orden no incluía el silenciamiento de todas las mujeres como tampoco una prohibición eterna para profetizar o hablar en lenguas.

Pablo tenía las mismas expectativas para las mujeres y para los hombres en la iglesia. Loren Cunningham, el fundador de Youth With A Mission, lo expresa así: "Son libres de ministrar, pero deben hacerlo responsablemente. Dejen de ministrar de manera desordenada, disruptiva, descortés e insubordinada. Su participación en la iglesia debe hacerse ordenadamente, sometiéndose a Dios para que su ministerio edifique a todo el Cuerpo de Cristo".[14]

Pablo estaba apasionado por la enseñanza y el entrenamiento de los nuevos creyentes, incluyendo a las mujeres. Quería que cada individuo usara sus dones para fortalecer a la iglesia. En el mismo pasaje de la Escritura, dijo que, en público, prefería usar aquellos dones que permitieran "instruir a otros".[15] Los instó a todos —hombres y mujeres— a que crecieran hacia la madurez espiritual, que pensaran como adultos, no de manera infantil. En Efesios 4:21-24, escribió: "Ya que han oído sobre Jesús y han conocido la verdad que procede de él, desháganse de su vieja naturaleza pecaminosa y de su antigua manera de vivir, que está corrompida por la sensualidad y el engaño. En cambio, dejen que el Espíritu les renueve los pensamientos y las actitudes. Pónganse la nueva naturaleza, creada para ser a la semejanza de Dios, quien es verdaderamente justo y santo". (NTV)

En su carta a los Corintios, citada anteriormente en este capítulo, Pablo escribió para que las mujeres "se sometieran", sí, pero lo hizo sin introducir a los maridos. También escribe "como dice la ley", pero en ninguna parte de la Biblia de Pablo (el Antiguo Testamento) hay una ley sobre las mujeres sometiéndose a los hombres. Pablo era un erudito y ciertamente habría sabido que no existe tal ley, y hay una posibilidad de que quisiera decir que las mujeres se sometan a la Iglesia, a Dios, o incluso a ellas mismas, pero no a los hombres en general.[16]

Y la palabra *calladamente* en la carta a Timoteo no es realmente *silencio*, como menciona Corintios. No, la palabra griega es *hesuchia*, que significa "con quietud" (más en la línea de *algo pacífico* u *ocupándose de sus propios asuntos*). No se trata de hablar contra no hablar; se trata de aprender serenamente, lejos de entrometerse en los asuntos de otras personas. Esta palabra armoniza con lo que sabemos acerca de cómo las mujeres se estaban comportando en esta iglesia en esa época. Ser capaz de aprender en silencio, con paz, en lugar de con clamor y con inquietud, o entrometiéndose, es un verdadero regalo para un estudiante y alumno. Nunca aprendo mucho cuando interrumpo y cuestiono constantemente o aplico la lección sobre todos los demás primero. A veces aprendemos más en quietud y paz. Pero hay una gran diferencia entre "ser silenciado y silenciarse uno mismo", como Rachel Held Evans sabiamente señala.[17]

> **Pablo no estaba silenciando a todas las mujeres en toda circunstancia para siempre.**

Así que cuando Pablo les pide a las mujeres que estén en silencio, el teólogo y profesor Scot McKnight escribe en *The Blue Parakeet* que "él no está hablando sobre las mujeres cristianas ordinarias; más bien, él tiene un grupo específico de mujeres en mente".[18] Pablo no estaba silenciando a todas las mujeres en toda circunstancia para siempre. Incluso, algunos académicos traducen el plural *mujeres* como el singular *mujer*, señalando que una mujer específica era la que en realidad estaba causando problemas.[19]

Cuando Pablo hace referencia a que Adán fue creado primero que Eva, en 1 Timoteo 2:13, no le estaba otorgando superioridad a Adán según el orden de nacimiento (si ese fuese el caso, los animales ganan). No, él está señalando que Adán fue el primero, así que él tenía algo que enseñarle a Eva. Ella necesitaba aprender. Ella no era inferior; era ignorante, le faltaba conocimiento. Pablo quería que las mujeres en la iglesia recordaran que no era una cuestión de inferioridad sino una cuestión de aprender con un espíritu sereno y humilde, ya que tenían mucho que aprender.[20]

Loren Cunningham escribe:

> Así que, ¿las mujeres deben callarse? Sí, tal como los hombres. ¿Deben prepararse para ministrar con "un himno o una palabra de instrucción, una revelación o lengua de interpretación"?. Sí, justo como los hombres. ¿Deben ejercitar el autocontrol mientras ministran? Sí, igual que los hombres. ¿Deben buscar educarse para que así puedan edificar mejor a otros cuando ministran? Sí, al igual que los hombres. "Porque Dios no es un Dios de desorden sino de paz".[21]

Cuando las mujeres son restringidas del servicio de Dios en alguna de sus capacidades, la Iglesia está permitiendo erróneamente que una cultura antigua, imperfecta y dominada por hombres impulse nuestra comprensión y práctica de la obra redentora de Cristo, en lugar de que Jesucristo y la totalidad de las Escrituras lo hagan.

Pablo no prohibió a las mujeres hablar o usar sus dones dentro de la comunidad de Dios en el contexto de toda la historia de la Escritura y la Iglesia, y mucho menos en sus cartas y actividades. Esto demuestra lo que los académicos han concluido: el objetivo declarado de Pablo era que "todos (sin importar el género) sean instruidos y alentados. Pablo se estaba asegurando de que las mujeres no quedaran fuera del proceso".[22]

Es crucial que entendamos la perspectiva general de Pablo sobre el rol y lugar de las mujeres, así como el contexto específico dentro del cual escribía estos segmentos de sus cartas en particular. Pablo recomendó que las mujeres profetizaran, las honró en el ministerio y las contó entre sus amigas.

Pablo creía que las mujeres también eran personas. Como seguidor de Jesús, por supuesto que lo hizo.

Por supuesto que lo hizo.

"Amo que tengas frío cuando afuera hace 21 grados.
Amo que te lleve una hora y media pedir
un emparedado. Amo que se te arrugue un poco la
nariz cuando me miras como si estuviera loco.
Amo que luego de pasar el día contigo
todavía pueda oler tu perfume en mi ropa.
Y amo que seas la última persona con la que quiero hablar
antes de irme a dormir a la noche"

When Harry Met Sally (guión escrito por Nora Ephron)

CAPÍTULO CINCO
Guerreros danzantes

La primera vez que Brian se encontró con mi familia fue en la graduación de la secundaria de mi hermana. Él voló desde Tulsa hasta Calgary en los días frescos del comienzo de nuestro verano y fue al centro de convenciones para la ceremonia con cena y el baile familiar posgraduación. A pesar de la reticencia de Brian, lo saqué a la pista de baile conmigo. Él empezó a bailar y yo me largué a reír: "¡Oh, eso es muy gracioso! ¡Puedes dejar de bromear! Ahora vamos a bailar en serio".

Se congeló en medio de las parejas que giraban alrededor y dijo, con tanta dignidad como pudo reunir: "*Estaba bailando de verdad*".

Ups.

Nos paramos en ese remolino de bailarines mucho mejores que nosotros y nos reímos de nosotros mismos hasta que nos dolió el estómago. Cuando la música cambió a una canción lenta, me aferró y nos arrastramos en círculos, aún riéndonos ocasionalmente. Algunos meses después, arrodillado en la oscuridad, me pidió que me casara con él, afuera de un bosque apartado en el patio trasero de un restaurante elegante. Nunca tuvimos la valentía ni el dinero para pedir una mesa.

Obedientemente, nos sometimos a asesoramiento

prematrimonial y, como cualquier pareja evangélica sobresaliente, leímos por demás todos los libros matrimoniales populares acerca del amor, el respeto y los límites; sobre sexo, dinero, suegros y comunicación. Llenamos resmas de trabajo juntos. Asistimos a retiros de iglesias y a sermones. A lo largo de nuestro matrimonio, Brian ha escuchado pacientemente prédicas desde el púlpito para ser "un hombre de verdad" y "crecer para ser el líder espiritual" y "tomar su lugar en su familia". Transité con sufrimiento el dolor de la pérdida de nuestros bebés y me marchité en los sermones del Día de la Madre que ensalzaban a la mujer "verdadera" o "real" (¿acaso yo no era lo suficientemente real?).

Brian me hace reír, y me hace pensar mucho. Él es líder a donde sea que vaya; siempre lo fue. Cuando estamos en un cuarto lleno de gente, sus ojos solo me siguen a mí; y podemos tener conversaciones enteras con solo levantar nuestras cejas. No hay nadie más con quien preferiríamos estar lado a lado para las realidades de criar una familia, las vicisitudes financieras, el deseo, formar un hogar, construir un matrimonio, y caminar por los estrechos caminos de Jesús. Fuimos desde lugares altos a los lugares más bajos del otro, cruzando el desierto, bebiendo en lo profundo del oasis. Y todavía estamos bailando.

Mi esposo me perdonó cuando yo misma no podía hacerlo por cómo nos había lastimado. Lo he sostenido cuando se estaba hundiendo en el lodo, orando por la noche en nuestra cama mientras él dormía para que la alegría volviera a él. Algunas veces —oh, Dios mío— nos podemos enfurecer, y es que simplemente somos muy diferentes el uno del otro; pero hay una profunda convicción de que —como matrimonio— estamos destinados a estar juntos.

Nuestro matrimonio sigue siendo como ese baile lento y arrastrado que nos hace reír más que una actuación de salón cuidadosamente coreografiada. Nos movemos lento, mi cabeza en su corazón, su aliento en mi cabello, sus manos en mis caderas más anchas de lo que solían ser; nuestros pies son más lentos, tal vez porque nos estamos moviendo juntos. Siempre nos estamos moviendo a través de la vida juntos, ayudándonos entre nosotros a ser más como el Jesús que amamos.

Con los años, hemos descubierto que esta es una forma de movernos dentro del matrimonio, y sí, es muy diferente al lenguaje tradicional y sofocante acerca de roles, dirección, sumisión y patriarcado suave que se encuentra en muchos libros y seminarios sobre el matrimonio cristiano.

Empezamos a darnos cuenta de que el desarrollo y crecimiento en nuestro matrimonio y la forma en que vivíamos nuestras vidas no eran una evidencia de lo que alguno podría llamar el "espíritu de Jezabel" en mí o su "falta de liderazgo espiritual"; no, la unidad y mutualidad en nuestro matrimonio en realidad es evidencia de la obra del Espíritu Santo.[1] La mutualidad es una imagen hermosa de confianza y un signo del Reino de Dios.

A veces, las preguntas que hacen las personas o los juicios que dejan entrever nos hacen reír.

Bueno, ¿quién está a cargo aquí?

Nosotros.

Sí, pero si la cosa se pone fea, ¿quién es el líder?

Nosotros.

Pero entonces, ¿quién es la cabeza espiritual de su hogar?

Solo Jesús. Solo y siempre nuestro Jesús.

Como muchos cristianos a través del tiempo, creemos que la Escritura enseña sumisión mutua en el matrimonio, así que en el nuestro nos esforzamos por ser un reflejo del orden original creado por Dios. Nos esforzamos por hacer de nuestro matrimonio una restauración de la unidad, la equidad, de dos vidas en un concierto, tocando el segundo violín cuando el otro es el principal; somos

> **Como muchos cristianos a través del tiempo, creemos que la Escritura enseña sumisión mutua en el matrimonio.**

aliados y portadores de imágenes restauradas que bailan lentamente aquí, junto a las rocas a la luz de la luna, afirmando la verdad de que cada matrimonio es tan único como los portadores de la imagen dentro del pacto.

EN EL NUEVO Testamento, las instrucciones más citadas para el matrimonio son dadas dentro del contexto de un "código" o estructura cultural.

> Esposas, sométanse a sus propios esposos como al Señor. Porque el esposo es cabeza de su esposa, así como Cristo es cabeza y Salvador de la iglesia, la cual es su cuerpo. Así como la iglesia se somete a Cristo, también las esposas deben someterse a sus esposos en todo.
>
> Efesios 5:22-24 (NVI)

> Esposas, sométanse a sus esposos, como conviene en el Señor. Esposos, amen a sus esposas y no sean duros con ellas.
>
> Colosenses 3:18-19 (NVI)

> Así mismo, esposas, sométanse a sus esposos, de modo que, si algunos de ellos no creen en la palabra, puedan ser ganados más por el comportamiento de ustedes que por sus palabras, al observar su conducta íntegra y respetuosa.
>
> 1 Pedro 3:1-2 (NVI)

Los códigos hogareños grecorromanos, en efecto, en el tiempo del Nuevo Testamento, eran otro eslabón en la pesada cadena del patriarcado extendido a lo largo de la historia. Ya que el patriarcado y la jerarquía fueron consecuencias de la Caída, estos sistemas se incorporaron al código porque el mantenimiento de la autoridad total en el hogar era fundamental para el funcionamiento de una sociedad que dependía de la autoridad total del gobierno y/o de la religión. Y para el tiempo de los escritos sobre el matrimonio del Nuevo Testamento, los códigos hogareños grecorromanos eran parte de la ley de *Pax* Romana. Así que estos versículos selectos para la enseñanza de esposas (e hijos y esclavos) se alinean con la ley terrenal.

Y, aun así, en su contexto, estos pasajes también continúan el patrón de la subversión sin revolución. Pedro y Pablo trabajaron dentro de sistemas imperfectos porque "con los oficiales romanos buscando cualquier excusa para encarcelar a los cristianos, cualquier desafío podría atraer la mirada escudriñadora y la persecución sobre la Iglesia primitiva". Los apóstoles "abogaron por este sistema, no porque Dios lo hubiera revelado como la voluntad divina para los hogares cristianos, sino porque era el único sistema estable y respetable conocido en la época", según Carol A. Newsom y Sharon H. Ringe, en *Women's Bible Commentary*.[2]

Pablo y Pedro usaron los códigos como metáforas o andamios porque eran familiares y cotidianos, no porque fueran prescriptivos o ideales. Estos pasajes en realidad eran subversivos para su tiempo porque pusieron demandas sobre el poder asumido de los hombres (enseñándoles a ser amables con sus esclavos, a ser gentiles con sus hijos, a amar a sus esposas) y porque se dirigieron a los más impotentes en una sociedad patriarcal: las mujeres, los niños y los esclavos. La Iglesia atrajo a los desamparados en masa —Celso, en el segundo siglo, declaró la famosa frase "el cristianismo es una religión para mujeres, niños y esclavos"—, así que este giro en los códigos era inaudito en la cultura.[3] Las palabras de Pedro y Pablo se alinean con las verdades más grandes de toda la historia de la Escritura, particularmente la vida de Jesús, guiando así nuestras interpretaciones.

La vida en Cristo no significaba reflejar la vida de la cultura grecorromana. Una cultura antigua del Medio Oriente no es nuestro estándar. No debemos adoptar el mundo de la Reforma de Lutero o la cultura de Gran Avivamiento del siglo XVIII o de los años cincuenta de los EE.UU como nuestro estándar de rectitud o virtud. La cultura, pasada o presente, no es el punto: la centralidad está puesta en Jesús y su Reino venidero, en hacer su voluntad en la actualidad. Ese es el punto.

Ya que estamos hablando del contexto, también podría ayudar que hablásemos un poco de la Creación. Dios llamó a la primera mujer *ezer*, un nombre que adopta para sí mismo a lo largo del Antiguo Testamento. Sí. En el jardín, Dios creó a su hija del costado de Adán y le puso su propio nombre. La palabra que acompaña a *ezer* es *kenegdo*, traducido típicamente como *adecuada* o *ayudante*. Estoy segura de que todos hemos escuchado alguna enseñanza (o varias) sobre la palabra *ayudante*, centrada en la mujer como la asistente del hombre, como esposa, madre, y ama de casa. Pero, como señala Carolyn Custis James con perspicacia, esta visión tradicional y estrecha "excluye al 60% de las mujeres tan solo en los Estados Unidos. ¿Cuántos millones de mujeres y muchachitas estamos dejando afuera en todo el mundo? Centrarse en la esposa como ayudante del esposo ha guiado a la creencia de que Dios designó roles primarios y responsabilidades a los hombres, y roles secundarios o de soporte a las mujeres. Ha llevado a las prácticas de comunicar que las mujeres son ciudadanas de segunda clase en la casa y en la iglesia".[4]

Ezer kenegdo en realidad significa *la pareja perfecta del hombre*, explica Rachel Held Evans.[5] Es la ayuda que se opone, dos partes de igual peso apoyadas una contra la otra. El erudito bíblico y teólogo Victor P. Hamilton escribe: "[*kenegdo*] sugiere que lo que Dios crea para Adán va a corresponderlo. Aunque la nueva creación no será ni superior ni inferior, sino igual. La creación de su ayudante será la mitad de una polaridad, y será al hombre lo que el Polo Sur es al Polo Norte. Ella será su aliada más fuerte en la búsqueda de los propósitos de Dios, y su primer obstáculo cuando se desvíe del camino".[6]

En el Antiguo Testamento, la palabra *ezer* aparece veintiún veces en tres contextos diferentes: la creación de la mujer; cuando Israel solicitó ayuda militar; y en referencia a Dios como ayudante de Israel para fines militares (en este contexto, *ezer* aparece diecisiete veces).[7] Dios no es un ayudante pusilánime y diluido, como hemos enseñado o entendido esa palabra dentro de nuestras iglesias, ¿verdad? No, nuestro Dios es más que eso: él es un ayudador *fuerte*, un guerrero.

Al nombrar a sus hijas según este aspecto de su personalidad, Dios no designa a las mujeres como *asistentes* de rol secundario. No, amigo: las mujeres fueron creadas y nombradas como *guerreras*.

Tú, hermana, ¿lo sabías? Tú eres una guerrera, junto con tus hermanos, en la misión de Dios en el mundo. Hermano, ¿lo sabías? Tienes una aliada; no estás solo en esto. Y este llamado de compañeros no es exclusivo de esposos y esposas en una relación matrimonial: los hombres y las mujeres, juntos, son aliados en el Reino de Dios.

> **Tú eres una guerrera, junto con tus hermanos, en la misión de Dios en el mundo.**

Ninguno de nosotros —mujer y hombre— es secundario o de apoyo; todos somos partes claves del Reino en construcción, intrínsecos a la historia de Dios.

A lo largo de la Escritura, vemos mujeres de valor, mujeres operando en su unción y propósito como *ezer kenegdo*. Ampliaremos esto un poco más adelante, pero ahora quiero que sepas lo siguiente: tenemos un linaje y legado de madres de la Iglesia, mujeres de Dios que fueron guerreras en las situaciones donde Dios las colocó, en formas únicas según sus temperamentos y carácteres, llamados, dones e incluso elecciones. Las mujeres de Dios viven con valor. Pablo llamó a la Iglesia —hombres y mujeres— a ponerse toda la armadura de Dios.

En el amanecer de la Creación, Dios no estableció una regla "masculina" como su estándar y plan para la humanidad. No, eran lo masculino y lo femenino, juntos, portando la imagen de Dios. El erudito en Nuevo Testamento en el Fuller Seminary, J. R. Daniel Kirk, dice: "Solo este tipo de participación compartida en representación del reino de Dios al mundo es capaz de hacer justicia al Dios cuya imagen portamos".[8]

Mientras vivimos en un mundo desesperado por un vistazo de Dios, desesperado por un rescate, aplastado por el mal, la pobreza, la guerra y la rutina de la existencia solitaria (en una tranquila desesperación), nosotros, la Iglesia, somos parte del plan de Dios para hacer retroceder esa oscuridad y hacer lugar para su Reino. Estamos comisionados a multiplicar los portadores de su imagen, ocuparnos de los pobres, y ministrar vida, esperanza y sanación en el nombre de Jesús, para la gloria de Dios.

Si una mujer es reprimida, minimizada, relegada o menospreciada, ella no está caminando en la plenitud que Dios quiso para ella como portadora de su imagen, como su guerrera *ezer*. Si minimizamos nuestros dones, escondemos nuestra voz, y nos mantenemos pequeñas y en un intento equivocado de encajar en un estándar de feminidad débil y culturalmente condicionada, no podremos dar a nuestros hermanos la pareja que requieren en la misión de Dios para el mundo.

El tipo de ayuda que un hombre necesita demanda un despliegue completo de todo lo que somos como mujeres, sin contenernos. Los hombres son realmente "ayudados" cuando las mujeres damos lo mejor de nosotras. Como señala Carolyn Custis James: "La vida del hombre cambiará para mejor por lo que la mujer contribuye a su existencia. Juntos probarán a diario incontables y sorprendentes formas en las que dos siempre son mejor que uno".[9]

Y los hombres, ¡qué regalo para ustedes! ¡Qué revelación! Un hombre no necesita negar la identidad de una mujer como amada y guerrera especial en Cristo por un miedo inapropiado, inseguridad o hambre de poder. Alabemos a Dios juntos por su verdad. Hijos, hermanos, esposos, amigos, ¿se lo pueden imaginar? Dios sabía que no era bueno que estuvieran solos, y les dio a su mejor aliado. Nunca estuvieron destinados a hacer la obra de Dios —en su casa, iglesia, en un mundo perdido y moribundo— solos. Se les dieron aliadas, parejas, guerreras, y amantes en forma de mujeres. A lo largo de la Escritura y la historia del mundo, vemos la riqueza del compañerismo entre hombres y mujeres como Dios pretendía cuando los creó juntos: hombre y mujer los creó.

Jesús marcó el comienzo de un loco reino del revés, de sumisión voluntaria y amor, un Reino donde el menor es el más honrado y el que da todo es el que lo gana todo. Este es el Reino del amor, un Reino que no tiene un contador de puntos ni arrebatos de poder. Este es un Reino sin envidia ni amargura y, en nuestras relaciones mutuas, nos esforzamos por tener "la misma mentalidad que Cristo Jesús: quien, siendo por naturaleza Dios, no consideró ser igual a Dios como algo que usar para su propia ventaja; más bien, se hizo nada, tomando la misma naturaleza que un sirviente, semejante a los humanos. Y, en apariencia de hombre, se humilló a sí mismo al hacerse obediente hasta la muerte, ¡y muerte de cruz!".[10]

Todavía somos como los Hijos del Trueno, ¿no? "Señor, ¿pero quién está a cargo? ¿Quién será el más grande?".[11] Y ya sea que estemos hablando de nosotros mismos o de nuestros llamados o de nuestros roles en el matrimonio o la iglesia, imagino que la respuesta es: "Todo aquel que se vuelva humilde como un niño pequeño es el más grande en el Reino de los Cielos". O, tal vez: "Todo aquel que quiera ser el primero tendrá que ser el último, y el más grande es el sirviente de todos".[12]

Y si nuestros matrimonios pueden revelar algún vistazo pequeño e imperfecto del Reino de Dios en acción, guerreros peleando en clara unidad, entonces necesitamos bailar, dentro, alrededor y entre nosotros, en intimidad y sumisión mutua. Los teólogos a lo largo de la historia de la iglesia han usado el término *perichoresis*, una palabra griega que quiere decir *un habitante*, para describir la relación de y entre la Trinidad. *Perichoresis* está mucho más allá de la camaradería; es el centro de intimidad, una unión conjunta nacida de la amistad y el amor. Mística y divina, es una metáfora imperfecta, pero aun así no hay ninguna jerarquía, solo hay más amor; es un respiro tras otro que hace lugar para el próximo. La Trinidad "funciona" al darse interminablemente entre sí y al recibir continuamente el uno del otro. Es una procesión de unión en lo borroso de la unicidad.[13]

Cuando Pablo comparó el matrimonio con la relación entre Cristo y la Iglesia, en Efesios 5:23-28, no hizo una exhortación a las jerarquías y las estructuras de poder. La relación de Cristo con nosotros como Iglesia está caracterizada por su loco amor dado en sacrificio, no por haberse aferrado al poder. Las palabras de Pablo nos recuerdan que Cristo se dio a sí mismo por la Iglesia, la limpió, y la amó.

Cuando Pablo comparó el matrimonio con la relación entre Cristo y la Iglesia, no hizo una exhortación a las jerarquías y las estructuras de poder.

Y así descubrimos la gran paradoja escondida dentro de estos pasajes de la Escritura tan debatidos, trágicamente mal utilizados para sujetar y reprender, para exigir y dar lugar al orgullo (más allá de las intenciones benevolentes). Si las esposas se someten a sus esposos como la Iglesia se somete a Cristo, si los esposos aman a sus esposas como Cristo amó a la Iglesia y se dieran por ella, y si tanto esposos como esposas se sometieran los unos a los otros como se ordenó, entraríamos en un círculo interminable de entrega, de sumisión mutua y de amor.

Estamos habilitados a ofrecer nuestro "tú primero, cariño" como un desbordamiento de la plenitud de la que gozamos en Jesús. La sumisión de Cristo está centrada en el evangelio, alineada con los propósitos de Dios, un despojarse de sí mismo para rescatar a la humanidad perdida.[14] La sumisión en un matrimonio sano entre dos personas que andan juntas por el Camino sigue la misma trayectoria: requiere tenacidad, fuerza, y el más valiente coraje. Pero existe una gran diferencia entre la sumisión mutua del uno al otro por un desbordamiento de amor y respeto, y una sumisión que se te exige como un derecho de esposo, ¿no es así?

El matrimonio dentro del Reino de Dios no es un ejercicio de autoridad y liderazgo; mucho menos una lista de roles, reglas, responsabilidades y divisiones de tareas, ni la blasfemia de abuso y sujeción. El matrimonio es un ejemplo hermoso de solidaridad y cooperación, una imagen del baile de la Trinidad en perfecta unidad.

Así que, a pesar de ser pésimos bailarines, desde el principio Brian y yo decidimos aprender a aferrarnos al otro y bailar en todo nuestro matrimonio.

Él guía, y yo guío. Ambos estamos siguiendo la música del Anciano; no hay jerarquía entre nosotros. Nos movemos juntos, un cuerpo, en intimidad y belleza. Todavía estamos en el medio de nuestra historia de amor; conocemos cada curva del otro, pero podemos apoyarnos en las partes aún desconocidas con plena confianza.

Confío plenamente en mi esposo; con cada pedacito de nuestra vida y de la mía. Mi confianza no se debe simplemente a que debo tenerla, no se debe a que creo que Dios me ordena que me someta sin cuestionar su liderazgo porque yo sea débil o fácil de engañar. Me someto porque estoy caminando a la manera de Jesús. Como hombre de Dios, Brian también es mi siervo.

Así que mi esposo me sigue cuando doy un paso hacia un

lugar nuevo. Y sé exactamente cuándo es mi turno de ser seguidora; pero también nos hemos pisoteado los dedos del pie una o dos veces, también hemos estado terriblemente fuera de ritmo. A veces, él lidera; a veces lidero yo. Vamos cambiando porque nuestra relación está viva y es orgánica, sigue desarrollándose. Pero siempre somos nosotros, confiando en el corazón del otro, confiando en que bailamos la misma música de ese viejo piano. Todavía estamos aprendiendo a movernos perfectamente juntos. Si no podemos movernos juntos, entonces esperamos y resistimos en la pausa entre cada paso.

El matrimonio es un abrazo íntimo disfrazado de baile. Amamos cada oportunidad de estar cerca, especialmente en estos capítulos intermedios de nuestra historia de amor, cuando sentimos más como si las tareas y responsabilidades se difuminaran en el romance. (Cada vez que nos abrazamos en estos dulces momentos, somos derribados por un trío de pequeños al grito de "¡Abrazo familiar!").

Si verdaderamente el matrimonio es un vistazo de la gracia que se acerca, entonces tal vez sea también una muestra de mutualidad, de dar, de amar y de intimidad. Y si todo lo que logramos con nuestros matrimonios es amarnos el uno al otro a lo largo de los años, es suficiente; y es un matrimonio real.[15]

Vive en mí. Haz tu casa en mí, así como yo la hago en ti.
De la misma forma que una rama no puede dar uvas por
sí misma sino solo unida a la vid,
no pueden dar frutos a menos que estén unidos a mí.
Yo soy la vid, ustedes son las ramas.
Cuando estén unidos a mí y yo a ustedes,
en relación íntima y orgánica,
la cosecha seguramente será abundante.

Juan 15:4-5

CAPÍTULO SEIS

Santas patronas, parteras espirituales y feminidad "bíblica"

A lo largo de los años, en nuestro matrimonio hemos caminado por diferentes estadíos. He sido una madre que trabaja a tiempo completo y una madre que trabaja a medio tiempo. Hubo temporadas donde ambos trabajamos a tiempo completo por separado; luego vino ese año donde mi esposo era el principal cuidador y amo de casa mientras terminaba el seminario, y yo pagaba sus estudios. Hoy, por ahora, soy una madre que se queda en casa, y escribo un poco en los huecos que tengo en mi vida, mientras que Brian trabaja a tiempo completo.

En ningún momento de todas esas facetas de nuestro matrimonio nos hemos sentido más "bíblicos" en una que en otra.

¿Nos hemos sentido más felices, sanos o más asentados en ciertos momentos con ciertas decisiones basadas en qué funciona mejor para nuestra familia? Sí, absolutamente.

Pero, ¿acaso éramos más cristianos o más bíblicos, basados en el estatus de nuestros empleos o tareas? No.

No estoy muy segura de cuándo la Iglesia decidió que "bíblico" era el adjetivo perfecto para los roles y situaciones subjetivas. No creo que eso nos haya ayudado. Usualmente, cuando las personas usan esa frase, están pensando más en June Cleaver que en Lidia, de la iglesia primitiva, descrita como "diligente en los negocios"; o tal vez tienen en mente una sociedad esterilizada de alguna serie cómica que nunca existió en lugar de pensar en Débora, la estratega militar de Israel, y mucho menos en Junias, una apóstol respetada que trabajó con Pablo.

Un día después de descubrir que estaba embarazada de nuestra hija más grande, Anne, salí a comprar; pero no a una súper tienda de bebés con góndolas llenas de cosas que nunca supiste que necesitabas para criar un pedazo de humanidad, no. Corrí a la tienda de libros, uno de mis primeros templos.

Deambulé por los pasillos, soñando con el día en el que volvería a leer estos queridos libros para niños, mientras seleccionaba mis favoritos de los estantes: *Stuart Little*, *Charlotte's Web*, los libros de Ramona, la serie de *Little House on the Prairie*, *Caddie Woodlawn*, *Las Crónicas de Narnia*, *El Mago de Oz*. Y ni hablar de los libros de *Anne of Green Gables* (por algo bautizamos a nuestra hija más grande *Anne* con *e*). Ahora, con nuestros tres pequeños, nos reunimos cada noche como familia en el sofá y leemos en voz alta.

Cuando Anne tenía seis años, trajo a casa un libro de la biblioteca pública de la escuela. *Every-Day Dress-Up* es un libro con imágenes escrito por una madre que admite estar enferma de leer historias de princesas de Disney y deseosa de exponer a su hija a modelos de roles femeninos que hayan sido pioneras valientes y fuertes. Quedé encantada con la elección de Anne, y pasamos una tarde feliz leyendo el libro. Ella estaba cautivada por esas historias de mujeres reales. Buscamos información en Internet acerca de cada una de ellas. Quería verlas "en la vida real" y estaba claramente complacida de que Amelia Earhart tuviera un corte de cabello parecido al suyo. Bailamos con el tema "At Last" de Ella Fitzgerald y nos maravillamos con los cuadros de Frida Kahlo.[1]

Como parte de nuestros hábitos de lectura familiar, incluimos las historias de la Biblia. ¿Recuerdan que les conté que crecí con la Escritura tejida en el entramado generacional de nuestra familia? A causa de que la práctica enriqueció mi vida en todo sentido, estoy intentando dejarles el mismo legado a nuestros pequeños. Leemos el *Jesus Storybook Bible* de Sally Lloyd-Jones, junto con algunos libros ilustrados basados en héroes de la fe e historias bíblicas frecuentemente contadas. Entre esos libros, comencé a buscar, en particular, algunos con personajes femeninos. La mayoría de lo que encontré no era muy diferente a las historias de niñas que se venden en los mercados masivos: tonalidades rosadas, destellos, magdalenas, princesas y vestidos. Los libros de "niños" exhibían caballeros y princesas, batallas y héroes. No es que haya algo malo con ellos —el cielo sabe bien cuánto disfrutamos de esas historias y actividades—, pero anhelaba algo más que solo experiencias y aventuras de hombres y mujeres estereotipados que seguían el camino de Jesús.

No es una teoría conspirativa. El *statu quo* es lo que vende (mercado masivo o mercado cristiano), así que nos quedamos con lo familiar, y compramos otro libro sobre David y Goliat, otro sobre la princesa con un mensaje casto de no besarse o un rescate con algún ribete *jesusesco*. Mientras tanto, las mujeres influencian nuestra fe, tienen aventuras y toman decisiones difíciles; todos lo sabemos porque todos lo hemos experimentado; y aún así no obtienen el espacio que se merecen en el estante. Yo quería esas historias.

Si fuese propietaria de una tienda de libros, sería como el The Shop Around the Corner en *Tienes un e-mail*, la película de Meg Ryan y Tom Hanks. (Debo confesar que la mayoría de las decisiones sobre cómo decorar mi hogar se resumen a una pregunta: *¿Esto estaría en la pequeña casa de piedra rojiza de Kathleen Kelly en New York?* Si la respuesta es un sí, entonces *avanzo con la idea*). Construiría un estante extra solo para las historias de mujeres, para leer y desmayarse junto con sus hermanos en la fe, los padres y las madres de la Iglesia, y diría: "Miren lo que podemos hacer juntos. Siéntate en el sillón un rato y lee acerca de Corrie ten Boom".

Probablemente etiquetaría ese estante "Patronas santas" o

"Parteras espirituales" para explicar cómo me siento con respecto a las personas intrínsecamente conectadas a mi viaje espiritual. Es una metáfora imperfecta, pero de algún modo, es como si me hubiesen ayudado a dar a luz una parte nueva de mí. Quizás sean las parteras —con sus vidas, su fe, su obediencia, su trabajo, sus oraciones— de la obra que Dios dio a luz en mí y a través de mí y de muchas otras más.

Y me levanto y bendigo a las mujeres que han maternado —alimentando, nutriendo, suministrando lo necesario, cuidando— mi viaje espiritual. La mayoría de ellas nunca sabrá lo mucho que me influenciaron, pero es verdad. Dios las usó poderosamente en mi vida, y ellas simplemente vivieron sus propias vidas en obediencia a Dios, sin importar las multitudes, los números de las ventas o los títulos de propiedad.

Podríamos tomarnos algo de tiempo esta noche por las mujeres, tú y yo. Nuestras páginas de la Biblia, la historia de nuestra iglesia y nuestras vidas están llenas de las parteras del Reino.

Nuestras páginas de la Biblia, la historia de nuestra iglesia y nuestras vidas están llenas de las parteras del Reino.

Está Eva, madre de todos nosotros, la primera y verdadera compañera, que caminó en la plena igualdad que Dios pretendió, el personaje adecuado, la otra parte de la imagen de Dios en la tierra junto con Adán. Y aun así, Eva suele ser elegida como la villana en el elenco de la historia simplificada de nuestra caída de la gracia, en lugar de otorgárselo al enemigo de todas nuestras almas, el diablo. La maldición que fue puesta sobre Eva —su deseo sería para su marido y su dolor de parto sería grandemente multiplicado— incluso nos muestra cómo el patriarcado, la subordinación y el dolor son parte de la Caída. Nunca fueron la intención original de Dios; fueron una consecuencia del pecado.[2]

Débora fue jueza y profeta de Israel durante un período sangriento e intenso de conflicto para la nación.[3] Rachel Held Evans dice que caminó "con toda autoridad religiosa, política, judicial y militar entre las personas de Israel. Básicamente, era la comandante en jefe de Israel".[4] Cuando Barak, un guerrero, dudó de sus instrucciones, ella lo puso en evidencia yendo a la batalla junto con él y recibiendo luego el honor por la victoria. Además, le dijo que, por haber dudado, el gran general de sus enemigos, Sísara, sería entregado en manos de una mujer. Y fue así. Después de que Israel ganara la batalla, Sísara corrió para esconderse en una carpa. Dentro de la carpa estaba Jael. Ella esperó que Sísara se quedara dormido y luego lo asesinó, clavándole una estaca de la tienda en el cráneo. Dos mujeres, dos guerreras antiguas. A menudo, cuando una mujer exhibe su liderazgo, es acusada de tener el espíritu de Jezabel. Espero con ansias el día en el que las mujeres con liderazgo y perspicacia, dones y talentos, llamados e inclinaciones proféticas sean llamadas a celebrar como Débora, en vez de ser silenciadas como una Jezabel.

Agregaría algunos libros sobre las mujeres del Antiguo Testamento como Rut, quien rompió las reglas pero honró a Dios; Rahab de Jericó, que escondió al espía israelí y salvó a su familia durante el asedio; y, por supuesto, Ester, que salvó a los judíos. Incluiría en algunas páginas a Abigail, que capturó el corazón de David; a Ana, que le entregó a Dios a su hijo Samuel; y a Tamar, que, para defenderse, fue más lista que los hombres sin honor. Incluiría las historias de las víctimas del patriarcado; las hijas sin nombre de Jerusalén serán recordadas.

En la Iglesia cristiana del primer siglo, Priscila formaba parte de una pareja poderosa, al lado de su esposo, Aquila.[5] El apóstol Pablo fue su socio en la comercialización y fabricación de carpas, y tuvo plena confianza en ellos. Arriesgaron sus cuellos por él una vez, y él siempre estuvo agradecido. Cuando escucharon las elocuentes enseñanzas del evangelista Apolo en la sinagoga de Éfeso, lo llevaron a su casa para corregir algunas de las cosas que había enseñado y lo enviaron nuevamente. Priscila y Aquila siempre son mencionados como una pareja, en algunas ocasiones con el nombre de Priscila primero, indicando su mutualidad en la relación y liderazgo. De hecho, según algunos académicos, puede que Priscila sea la autora del libro de Hebreos.[6] Eventualmente, tanto Priscila como Aquila dieron sus vidas como mártires por el bien del evangelio. Hay una larga historia de mujeres que ministraron junto a sus maridos, en la total unión de sus dones, como equipo.

Luego está Ana, la profetisa, que es mencionada solo una vez en las Escrituras.[7] Fue viuda durante mucho tiempo, ya que perdió a su marido tan solo siete años después de haberse casado. Ella pasó el resto de su vida en el templo, adorando y ayunando día y noche. El día que María y José llevaron a Jesús al templo para su dedicación, ella estaba ahí. Lo reconoció y proclamó la verdad. Esta es la marca de un alma en búsqueda de Jesús: lo reconocemos. Él está ahí, metido en las cosas del alma, en los zarcillos del espíritu. Somos como aquellos que sueñan con un hogar, pero, como Ana, sabemos que la verdad está ahí en nuestros corazones todo el tiempo. Vemos destellos de él y tenemos una corazonada sagrada. Él se mueve como el humo o las tormentas con relámpagos, o nos deja sin aliento cuando aparece como un pequeño bebé en nuestros templos. Tenemos estos episodios de trascendencia, como si el delgado velo entre el cielo y la tierra revoloteara en los momentos más ordinarios de nuestras vidas. Y luego no podemos respirar por la belleza del mundo y de cada uno de nosotros, y, así nomas, *nuestras almas recuerdan algo; lo reconocemos aquí.*

Así que Ana lo reconoció por haberlo anhelado tantos años, y pasó el resto de su vida diciéndoles a todos que ella lo tuvo en sus brazos, en sus propios brazos. Amo a Ana por su fidelidad a pesar del hecho de que la vida no le haya resultado como ella probablemente había planeado. Había enviudado temprano y más tarde fue al templo como profetisa y ministra, y fue fiel a su llamado a pesar de todo. Y luego —con sus propios ojos envejecidos— lo vio.

Lidia era una mujer de negocios respetada y rica, aparentemente independiente, y una líder en la Iglesia primitiva.[8] Financiaba la obra de los apóstoles, fue la primera europea convertida, y le dio la bienvenida a Pablo y a sus compañeros en su propia casa. Su casa se convirtió en el lugar central de reunión para la iglesia de Filipos. La Iglesia Ortodoxa la considera "igual a los apóstoles" por su trabajo, y yo la considero una mamá espiritual porque trabajó conscientemente en su vocación elegida y para la gloria de Dios. Suelo pensar en Lidia cuando las personas discuten sobre la falsa dicotomía de si las mujeres deberían trabajar o no. Las mujeres siempre han trabajado; siempre trabajarán para sus familias, sus casas, para sobrevivir, para proveer y para el bien de sus almas. Es un argumento del hombre de paja para los propósitos de discutir o imponer una nueva ley. Lidia usó su porción, una visión considerable para los negocios y riqueza, para el beneficio del evangelio.

También están las mujeres que conocimos en el capítulo 1, contemporáneas al tiempo de Jesús en la tierra: María, Marta, la mujer con el problema del sangrado, la mujer samaritana y María Magdalena. Siempre tuve una debilidad por Marta. Y luego están los compañeros del ministerio casero de Cloé,[9] y Trifena, Pérsida y Trifosa,[10] y Evodia y Síntique, que trabajaron junto con Pablo.[11] Y las cuatro hijas de Felipe, que eran todas profetas.[12]

Junias era una apóstol de la Iglesia primitiva.[13] Pablo escribió: "Saluden a Andrónico y Junias, mis compañeros judíos que han estado en prisión conmigo. Son sobresalientes entre los apóstoles, y estuvieron en Cristo antes que yo". Ser sobresaliente entre los apóstoles, particularmente como mujer, en efecto era un gran elogio.

Además, están las mujeres en la historia de la Iglesia, como Florence Nightingale, que fue pionera en la profesión de la enfermería moderna; la Madre Teresa, que batalló con sus propias dudas y temores para servir a los pobres de la India sin pedir nada a cambio; Dorothy Day, la incansable activista social; Harriet Tubman, abolicionista y exesclavista que rescató cientos de esclavos afroamericanos a través de ferrocarriles subterráneos; y Amy Carmichael, una misionera irlandesa en la India que eventualmente fundó una residencia para niños sin hogar, particularmente chicas jóvenes rescatadas del templo de la prostitución. Corrie ten Boom, que desafió a los nazis y al rencor para siempre; el Ejército de Salvación de Evangeline Booth; y Gladys Aylward, que misionó en China, cuyo trabajo cubrió desde cuidado de huérfanos a reformas penitenciarias. Y así podemos seguir por largo tiempo.

Reúne a nuestras hermanas en el estante imaginario de tu memoria.

Luego, hay escritoras y pensadoras que, de alguna manera, hicieron las veces de madre: Luci Shaw, Madeleine L'Engle, Kathleen Norris, Anne Lamott, Lauren Winner, Jen Hatmaker, Rachel Held Evans, Phyllis Tickle, and L. M. Montgomery. Todas muy diferentes entre sí y todas fieles a su manera.

Luego tengo a mi madre, claro. Mi hermana menor, Amanda, que toda su vida caminó junto a mí; ella es mi verdadera alma gemela y amiga. Tengo a mi tía Donna y mis abuelitas que se fueron demasiado pronto, Lorna y Nellie, y a mi suegra, Leona. Tuve mujeres en mis comunidades de fe como Janet, Ruthanne, Karen, Julie, Eloise, Tracy, Natalie, Lisa, y muchas más. También tengo muchas "hermanas pequeñas" en la fe: mujeres jóvenes que he "mentoreado" a lo largo de los años (estas chicas terminaron enseñándome mucho más de lo que yo les enseñé). Tengo mi tribu de escritoras y hermanas del corazón, algunas hermanas del alma, mi comunidad de la iglesia, y algunas buenas amigas. Tengo a mis propios pequeños, que me enseñan de las formas de Dios y de su corazón por la humanidad mucho más que cualquier libro que haya leído, y todos han hecho de la maternidad el crisol más grande de mi vida, mi altar principal para encontrarme con Dios.

Luego hay miles de mujeres anónimas en nuestro linaje global de la fe, que son famosas en el cielo; y también están las perdidas o pisoteadas en la marcha de la historia, en el fuego cruzado de los pecados y circunstancias de nuestro mundo. También quiero honrarlas.

¿Cómo podría llamar a esto sino una congregación de santas?

¿No lo ves? Yo ya tenía las historias. Y tú tienes las tuyas, tus propias mamás y parteras espirituales, tus propias santas patronas.

No necesitamos un estante de librería autorizado o un plan de mercadeo de una casa editora para contar las historias que nos moldearon de grandes y pequeñas formas. Podemos narrarlas en voz alta.

Justo al lado de las historias de David, Moisés y Pablo, de Lutero y Calvino, de Bonhoeffer y nuestros papás, podríamos contar las historias de nuestras santas patronas, nuestras madres de la iglesia, nuestras parteras del Reino, las mujeres de la Biblia, y las mujeres de la Palabra que caminan entre nosotros ahora mismo.

Simplemente necesitamos contar nuestras historias a nuestras hijas e hijos y a nuestros amigos, entre nosotros mismos y a nuestras comunidades. El mundo podría escucharnos llamarlas *benditas* desde las puertas de la ciudad; necesitamos hacer lugar para contar nuestras historias.

Y así, claramente, no definiremos "feminidad bíblica" a través de una lista de tareas o una descripción de un trabajo, un plan de horarios o un nivel de ingreso. Después de todo, los hogares sanos que glorifican a Dios se ven tan diferentes como los portadores de imágenes que entraron en el pacto, y lo bíblico no es una versión bautizada de ninguna cultura, antigua o moderna.

No. Soy una mujer bíblica porque vivo y me muevo y tengo mi ser enfocado en la realidad cotidiana de ser una seguidora de Jesús, viviendo en la realidad de ser amada, en la plena confianza de mi Abba. Soy una mujer bíblica porque sigo los pasos de todas las mujeres bíblicas que vinieron antes de mí.

La feminidad bíblica no es tan diferente de la personalidad bíblica. La personalidad bíblica se convierte en una lista de reglas muerta cuando se transforma en una ley que cumplir. Si tenemos

La feminidad bíblica no es tan diferente de la personalidad bíblica.

una lista larga de reglas —*¡Pon a los otros primero! ¡Sé generoso! ¡Da dinero! ¡Cree esto! ¡Haz esto otro!*— es una religión muerta de un libro de reglas glorificado.

Cuando nuestros corazones, mentes y almas están profundamente inmersos en la realidad de vivir siendo amados, descubrimos que la mayoría de esas "reglas" de la escuela dominical simplemente son nuestras nuevas características y nuestros rasgos familiares. Son el fruto que nace de relaciones significativas y que cambian la vida; son las flores de la vida en la Vid. Y hay muchas expresiones y formas de vivir el amor, gozo, paz, bondad, paciencia, gentileza, fidelidad, autocontrol y amabilidad como hombres, mujeres, esposas, esposos, madres, padres, amigos y discípulos. El matrimonio y la maternidad no son las únicas maneras para la feminidad bíblica (tal como vemos en muchas de nuestras madres espirituales), a pesar de nuestros hábitos evangélicos colectivos de tratar a las mujeres y los hombres solteros como nuestro campo misionero personal en el que la misión es formar parejas.

Sí, encuentro a Dios en los ritmos cotidianos de mi vida como esposa y madre. Y tengo la tremenda satisfacción de llevar adelante mi hogar y criar a mis pequeños para que amen a Dios y a las personas.

Pero el hacer esas cosas no me vuelve una mujer bíblica. Carolyn Custis James advierte que, en la Iglesia de hoy, podemos definir la feminidad:

> únicamente en términos de matrimonio y maternidad [y eso simplemente no encaja] en la realidad de la mayoría de nuestras vidas. Incluso para aquellas mujeres que abrazan entusiasmadas al matrimonio y

la maternidad como su llamado más alto, una parte substancial de sus vidas es sin marido ni hijos. Un mensaje que apunta al altar del matrimonio como la puerta de inicio del llamado de Dios a las mujeres nos deja sin nada que decirles, excepto que el propósito de Dios para ellas no es aquí y ahora, sino en algún lugar del camino.[14]

Nuestra aceptabilidad como mujeres ante Dios no depende de nuestros padres, de nuestros esposos o de la falta de ellos.

En Cristo no existe tal cosa como una forma limitada de describir bíblicamente a las mujeres —dependiente de roles y tareas, cargos y estado civil que acallan nuestra sabiduría, intelecto y voces, experiencias y circunstancias únicas—, cuando la mayoría de las mujeres en nuestro mundo no tienen el lujo de decidir si trabajar o no. Las mujeres usualmente deben trabajar para sobrevivir, para proveer a sus hijos. A lo largo de los siglos, lo han hecho en los campos y en sus jardines y comunidades, desde la era agraria hasta las eras industriales y tecnológicas. El fenómeno de ser una madre ama de casa es relativamente nuevo y exclusivo de los prósperos, junto con las guarderías de cuidado infantil. Es una marca de nuestro privilegio de ser capaces de decidir (o hacer ajustes a nuestro presupuesto hogareño) si mantener a uno de los padres en casa a tiempo completo con los hijos. Creo que es una búsqueda digna, un buen trabajo, un trabajo sagrado (eso espero, ¡ya que es mi trabajo diario!), pero no es lo mismo que la feminidad bíblica, ¿verdad? Si el título no puede ser disfrutado por una mujer en Haití o incluso por las mujeres aclamadas de la Escritura de la misma manera en que lo puede hacer una mujer de clase media en Canadá, entonces la feminidad bíblica debe ser más que esto.

No somos mujeres bíblicas porque alcanzamos un estatus de madre ama de casa y cocinera de comida casera. No somos hombres de Dios porque tomamos solos las "decisiones difíciles" y proveemos a nuestras familias, mucho menos porque vivimos algún tipo de versión de código hogareño grecorromano. No vivimos bíblicamente al convertir nuestros verdaderos dones, llamados y pasiones en clichés desgastados, convirtiendo el estímulo e invitaciones bíblicas en nuevas reglas.

Nuestro trabajo en esta vida crece desde los árboles del gran amor de Dios para nosotros, nacido de una relación creciente y real con el Amor en sí mismo. El florecimiento orgánico del fruto del Espíritu se debe únicamente a nuestra vida en la Vid. Ya sea que giremos a la derecha o a la izquierda, nuestros oídos escucharán una voz detrás que nos dirá: "Esta es la senda; caminen por ella".[15]

Mientras seguimos las pisadas de nuestro Salvador, nos alejamos de la manera en que el mundo ve la vida y los conflictos, la comunidad y la creación, el matrimonio y los hijos, la vejez y la juventud, el sufrimiento y la amistad. A medida que somos fieles en cada paso, en cada empujón consejero del Espíritu Santo, de la vida en Cristo, del consejo de la Escritura, encontramos que terminamos justo donde estábamos destinados a estar (por lo general, en los lugares más locos). Y entendemos que ha sido solo a través de la obra del Espíritu; ninguna persona podrá cumplir por sí misma los propósitos salvajes e inclusivos de Dios.

En mis años de retórica *blanco o negro*, luché por comprender o aceptar las tensiones de Dios. Luché con la naturaleza inclusiva (*le llamo ambos-y*) de la mayoría de la obra y el carácter de Dios, prefiriendo siempre la exclusión llana (o *uno o el otro*).

Él es ambas cosas, justo y amador, el León y el Cordero. Es la verdad y la gracia. Practicamos las obras y vivimos por fe. Estamos en el Reino de Dios y todavía no vivimos en la plenitud del cielo. Por sus llagas somos curados, y en los sufrimientos perfecciona nuestra fe. Hombres y mujeres son iguales en merecimiento y valor, y aun así somos sirvientes el uno del otro. Jesús nos dice que Dios es nuestro Padre tierno y bueno, y aun así, en otras metáforas, se parece más a un amante. Nuestros matrimonios son un símbolo de Cristo y la Iglesia, y aun así, según Pablo, es mejor quedarse soltero. Las paradojas de la fe cristiana abundan, y solían ponerme un poco loca.

Porque, bueno, ¿cuál *es la lógica*? Queremos saber porque así tendríamos una ley nueva y un mandato nuevo, y la vida sería mucho más fácil. La vida es más ordenada con mitos y reglas; las realidades complejas de la vida contracultural en la Vid son lo que desconcierta.

Los edictos son más fáciles que los pequeños empujones. Las cintas de video son más claras que los viejos pergaminos y, en nuestra religiosidad, que añade conceptos de Dios como nuestro pasaje para salir del infierno o como un juez enojado, no podemos concebir una invitación a una relación real dentro de la paz —el *shalom*— de un buen Dios.

Dios no nos llama una nueva ley. Abba nos invita a las mesas del banquete, comunión, comunidad y de la vida en la Vid. No a una cinta caminadora religiosa o a una vida en la que tengamos que llenar las expectativas de alguien más. Nos llama a la íntima relación con él.

Nos llama a vivir, respirar, trabajar de lo que él ya está trabajando. No se logra por nuestro propio esfuerzo ni por aplicar obedientemente los principios escritos en siete párrafos fáciles. Los propósitos de Dios en nuestras vidas individuales, en nuestras familias, comunidades, ciudades y en nuestro mundo se logran por el misterioso trabajo del Espíritu en nuestros corazones y mentes, por la Palabra de Dios viva y activa, decisión a decisión, en libertad y comunidad.

Se necesita práctica. Empieza con los momentos más pequeños de la vida. Y empieza con esta pregunta: ¿Qué quiere el Amor que haga?

El amor nunca se da por vencido.

El amor se preocupa más por otros que por sí mismo.

El amor no quiere lo que no tiene.

El amor no se pavonea,

No es engreído,

No se impone a los demás,

No siempre es "yo primero",

No pierde los estribos,

No lleva la cuenta de los pecados de los otros,

No se deleita cuando otros se arrastran,

Se deleita en el florecimiento de la verdad,

Se pone de pie frente a todo,

Siempre confía en Dios,

Siempre busca lo mejor,

Nunca mira para atrás,

Sino que sigue hasta el final.[16]

Pero una vez más, esta no es una lista de reglas; no estamos leyendo un estándar imposible. No, esto describe a nuestro Jesús. ¡Este es nuestro *Abba*! Este es nuestro Espíritu Santo. Nunca se da por vencido, y le da placer el florecimiento de la verdad.

Y cuando seguimos los caminos de Jesús, cuando permanecemos en la Vid, estas se convierten en nuestras características, y nos convertimos en señalizadores, sabores agradables, movimientos del Reino hacia un norte, un vistazo del verdadero Amor. Somos la corporeización de la encarnación, toda la verdad de la Escritura, en nuestros vecindarios, entre nuestros vecinos, e incluso, tal vez lo más loco, para nosotros mismos.

*He encontrado la paradoja:
que si amas hasta que duele,
no puede haber más dolor, solo más amor.*

Madre Teresa

CAPÍTULO SIETE

Renace una narrativa

Aunque pasé mucho tiempo de mi vida estudiando tradiciones, teología, y traducciones de la Escritura, así como entrando y saliendo de todas las iteraciones, denominaciones y facciones de nuestro linaje espiritual loco y dividido, todavía no sé cómo vivir mi vida excepto de rodillas a los pies del Jesús, con los ojos puesto en su rostro. Nada más "funciona". Ninguna fórmula, ningún método me hace sentir tan humana y viva como el radical acto de vivir amada.[1] Una vez que probaste el Amor, estás imposibilitada para usar las cáscaras vacías del desempeño y condiciones religiosos, es como volver a la comida rápida después de una buena comida casera. ¿Quién ha vuelto a las sobras de las primeras botellas en las bodas de Canaán en vez de levantar sus vasos con el nuevo vino, el mejor, guardado para lo último?

Tenía vistazos de qué significaba vivir mi vida de esta forma, unida a la vid, a lo largo de mi niñez y mis años de crecimiento, incluso en mi adultez temprana. O pensaba que sabía lo que significaba. Pero, para mí, la verdad de esta forma de vida fue aprendida, hasta los huesos, a través de mis experiencias como madre.

Fue un largo camino hasta llegar a nuestros tres pequeños: abortos espontáneos, pérdidas, pecado, perdón, anhelos incumplidos, esperanzas aplazadas. A los cinco años de matrimonio, estábamos en un lugar donde el liderazgo de nuestra iglesia estaba herido, nuestros amigos se estaban lastimando, las vidas se estaban rompiendo. Justo en medio de la crisis en nuestra iglesia, debimos liderar un equipo de veinticuatro adolescentes en un viaje misionero a Europa. Nada en nuestras vidas se sentía estable, nuestros corazones estaban muy magullados, y estábamos quemados.

Y nos enteramos de que estábamos esperando un bebé.

Llevó algunos días poder asimilarlo, pero después nos sentimos muy felices y esperanzados. De repente estábamos soñando con nuestro bebé, descartando los nombres favoritos del otro entre risas, imaginando nuestra habitación extra como el cuarto para el niño, haciendo y ajustando nuestros planes para esta pequeña, inesperada y (aun así) bienvenida vida.

Le dije a Brian que este bebé era un regalo de Dios, un beso especial del cielo solo para nosotros, por estar atravesando tiempos tan difíciles. Me volví filosófica sobre una nueva vida, nuevos comienzos y todo eso.

No le dijimos a nadie, excepto a nuestros padres. El plan era mantenerlo en secreto hasta que estuviéramos de doce semanas y de regreso en casa. Dos días antes de irnos a Europa, fui a mi primer ultrasonido, una consulta de rutina. La técnica miró la pantalla. Luego dijo con naturalidad, como si estuviésemos discutiendo del clima: "Bueno, no pareciera que este bebé vaya a sobrevivir. Probablemente esté muerto en una semana o dos. Vamos a reservarte una D&C".[2]

Esa noche, nos recostamos en el piso de nuestra habitación; ni siquiera pudimos meternos en la cama o en el sofá. Brian estaba de espaldas, llorando; piscinas de lágrimas en sus orejas, mientras el ventilador de techo resonaba sobre nosotros. Yo estaba acurrucada contra él, empapando su camisa con mi pena. Queríamos llamar a nuestros pastores queridos, queríamos llamar a nuestros amigos y cancelar el viaje. Desempaqué y volví a empacar nuestras valijas una y otra vez. Nos sentimos terriblemente solos en nuestro dolor; era otra despedida en esta temporada de pérdidas de nunca acabar, y sentí que no lo podía soportar.

Pero, en mi miedo, en mi orgullo, y en mi desconfianza de la comunidad, no le dijimos a nadie. Llamé a la oficina del doctor y cancelé el D&C, explicando gentilmente que no yo no podía ser la que determinara cuándo terminar el embarazo. Si tenía que terminar, iba a ser naturalmente (era la decisión que sentí correcta). El personal del consultorio del doctor me lo dejó en claro: era una tonta.

La siguiente mañana, estábamos en la iglesia, organizando el equipo, tranquilizando a los padres, chequeando los pasaportes, calmando adolescentes dramáticos, cargando equipaje, para volar desde San Antonio a Minneapolis, y desde Heathrow a Bonn. Estábamos lejos de casa, en la agonía de otra profunda tristeza.

Amaba a esos adolescentes como a mi propia familia. Y aun así no sé si ellos podrían entender cuánto consuelo encontramos en su normalidad, su rareza, incluso su rebeldía, durante los días que siguieron. Cada distracción, cada viaje misionero fallido era motivo de alivio. Deambulé por los mercados en las calles adoquinadas, comí cerezas fuera de la casa de la infancia de Beethoven, me retiré, realizando el mínimo de supervisión y liderazgo. Estaba esperando que llegara el final. No sabía qué esperar, y traté de orar. Traté de creer en los milagros una vez más.

Tal vez los doctores estaban equivocados. Tal vez podíamos quedarnos con el bebé, por esta vez. Tal vez Dios aparecería a cambiar esto por nosotros. "¿Por favor?", fue el constante estribillo de la oración de mi alma.

Por favor, por favor, por favor, por favor.

Hablaba todo el tiempo con el bebé, queriendo que él (porque para este momento ya estaba segura de que era un niño) se aferrara a mí, oraba para quedármelo. Pero, de algún modo, sabía que no iba a ser el caso, sabía que ya había terminado. Esta pena no era solo por este bebé. En realidad no: se trataba de todos nuestros bebes no sostenidos, todo el desastre de la vida, todas mis dudas, miedos y preguntas, todo eso presionando mi útero en los días de espera.

> Me paré en las calles de Bonn y le pregunté a Dios si se había olvidado de mí, si nos había olvidado.

No hubo respuesta.

Durante esas semanas, dormimos en moteles y pequeñas pensiones. Luego de días ajetreados de correr de aquí para allá, organizando reuniones al aire libre, conduciendo en la autopista a altas velocidades, conociendo a nuestros anfitriones alemanes o americanos, escuchando a mi esposo predicar con intérpretes, comiendo barbacoas, acomodamos a todos los adolescentes en sus habitaciones y luego nos retiramos a nuestros cuartos. Nos aferramos el uno al otro en la oscuridad, sin hablar, cansados, asustados, esperando. Ya no quedaban palabras.

Dos días después de llegar a nuestra casa-sin-hijos de Texas, empezó el parto. Me puse en cuclillas en nuestra sala de estar, Brian me sobaba la espalda; estábamos asustados y solos, mal preparados. Tuvimos a nuestro bebé, juntos, solo los dos. Nuestras valijas todavía no estaban desarmadas cuando sostuvimos el cuerpo diminuto de nuestro hijo y finalmente nos dimos por vencidos.

El siguiente domingo me sentí vacía e invisible, y las valijas todavía estaban en una esquina de nuestro cuarto. De mala gana, fui a la iglesia. El santuario estaba lleno y ruidoso, especialmente cerca del escenario, donde me quedé sentada después de la despedida. Mire hacia arriba y vi a la pastora Kathleen mirándome muy atentamente.

La expastora y cofundadora de nuestra iglesia estaba de regreso para visitar a su familia. No nos conocíamos bien porque Brian había sido contratado después de que ella se había ido a un nuevo trabajo, pero estábamos familiarizadas porque la veíamos cada vez que venía a la ciudad. De algún modo, siempre me sentí atraída por ella, aunque nunca habíamos hablado. Pero, ese domingo, me di cuenta de que me tenía en su mira. Cruzó el auditorio; se agachó a mi lado, puso su cara cerca de la mía. Sostuvo mis manos sobre las suyas y, sin preámbulo, susurró que sentía que Dios le había dicho algo sobre mí, y me lo quería compartir. Me encogí de hombros. ¿No era que Dios me había olvidado? No estaba convencida de lo que me decía.

"Te miré a través del salón, y Dios me mostró que tu corazón está roto y que estás cansada". Me levantó el mentón y me miró directo a los ojos. Ella lo decía en serio; vi su fe, su discernimiento encendido. "Y quiere que te diga que *no se olvidó de ti*".

No se olvidó de ti.

Ella siguió: "Ahora lo sabes, ¿no? Porque nuestro Dios dijo: '¿Puede una madre olvidar a su hijo? Aun así yo nunca los olvidare?'. Porque aun si las madres olvidan, Dios nunca te olvidará. Nunca". Me rodeó con los brazos como lo hace una madre, me acercó a ella y volvió a susurrar: "Eres amada. No fuiste olvidada".

"Y quiere que te diga que no se olvidó de ti".

Descansé mi cabeza en su hombro; ella me bendijo y me liberó. Ese día fui a casa, guardé las maletas y me quedé parada en medio de la silenciosa sala, con una frase en el alma: *No se olvidó de mí, no se olvidó de mí.* Incluso ahora. Él me recuerda. Saqué las cajas de mudanza; volvíamos a casa en Canadá.

Solo algunos meses después, estaba sentada en el consultorio de mi doctora, en la calle principal de nuestro barrio, mirándola con desconfianza mientras me decía: "Esperas un bebé para agosto. Y todo luce bien".

Anne nació saludable y fuerte. Yo estaba débil, tenía alivio y asombro. Me senté al lado de mi madre, sosteniendo a nuestra pequeña, y llorando sobre su cabello suave, dije: "La amo tanto. Beso cada centímetro; amo esta parte detrás de sus orejas y su pequeña boca que parece un triángulo. Mira el pequeño punto que tiene en la parte superior del labio. Y puedo besar ese pliegue en sus muslos y sus axilas, y quiero lamer las lágrimas de su cara. Es tan bella, y realmente está aquí, mamá; está aquí en serio".

Crecí sabiendo la historia que les conté antes, de cómo mi madre se sintió atraída por Dios a través de mi nacimiento, cómo su gran amor por sus hijas puso sus pies en el camino hacia la tumba vacía, el Cristo resucitado y la invitación a recuperar su verdadera vida. Era la narrativa de mi familia. Pero ahora también era la mía, porque la entendía. Y debido al gozo hecho más grande por el sufrimiento, mi propia alma estaba hambrienta de sentido, propósito y sabiduría. Necesitaba saber cómo ser madre; necesitaba saber cómo amar mientras mi corazón saltaba por todo mi cuerpo.[3]

Este era mi tiempo.

Sucede diferente para todos. Para algunos, viene a través de su trabajo o a través de una relación, del estudio o la naturaleza, a través de milagros o sufrimiento. No pienso que mi camino es el único o el mejor; sé que no todas las madres reciben el regalo de tener hijos de esta manera o experimentan las pérdidas como nosotros lo hicimos.

Pero la verdad permanece; independientemente de las circunstancias particulares, la voz de Dios tiene el hábito de atravesar el ruido de nuestras vidas, dándonos un punto de inflexión, una época que nos marque para el resto de nuestras vidas desde ese momento en adelante.

Cuando hablamos de estos momentos en nuestras vidas, empezamos nuestras historias con las palabras: "Y luego todo cambió".

Este fue el punto de sanación para mí: Dios usó la maternidad para salvarme de nuevo, y luego todo cambió.

A pesar de mi gran amor por mis hijos, me quedé sin fuerzas muy rápidamente. No tenía la sabiduría, ni mucho menos la paciencia para ser madre de tres pequeños enérgicos de un modo que reflejara el corazón de Dios para ellos. Quería despejarles el camino a Dios; quería ser una puerta abierta en vez de una piedra de tropiezo para su entendimiento del *Abba* que yo amaba tan profundamente. Experimentamos otra pérdida entre los nacimientos de Anne y Joseph, y luego, finalmente, llegó nuestra Evelynn Joan. Intenté llegar a cierto estándar de maternidad y no pude hacerlo con mis propias fuerzas. Traté de hacer mi camino hacia alguna especie rara de Club de Mujeres de Proverbios 31 y colapsé exhausta, con ira, tristeza y derrota.

Esto no era la vida de la Vid, esta era una exhaustiva exigencia laboral; este no era el Reino de Dios, mucho menos una mujer redimida que vivía a pleno. Este era el caparazón de alguien tratando de dar con la talla, tratando de ganar a través de su maternidad lo que Dios ya le había dado libremente. Esta era alguien sintiendo el peso de las expectativas insatisfechas de la Iglesia, de ella misma y del mundo, todo a la vez.

En aquellos días, mi *Abba* me dio un vistazo —tan solo un vistazo— de su gran amor incondicional por nosotros a través de mi amor por los niños. Después de eso, ya no lo pude ver de la misma manera. Él no estaba en el fuego ni en el huracán ni en el terremoto; él estaba en una voz serena, pequeña: el crujido de mi mecedora en las primeras horas de la mañana, y en las prácticas diarias, incluso en líneas nunca olvidadas del viejo coro de alabanza "Como el ciervo busca por las aguas, así clama mi alma por ti" en mis labios, en mis bebés durmiendo borrachos de leche, uno tras otro, en mis brazos. Él estaba en la sagrada cotidianidad de mi vida, redimiéndolo todo, enseñándome a orar, llenándome de gozo en mi debilidad, enseñándome a depender de él. Allí aprendí que soy más que mi trabajo diario, y aun así él seguía apareciendo en lo mundano.

Recuerdo una noche de invierno. Me quedé sola en medio

de la sala después de acostar a nuestra hija menor, Evelynn Joan; otra vez, nuestra casa fría y oscura solo estaba iluminada por las estrellas y las luces de la calle. De alguna manera, no podía volver a la cama; estaba tan calmo, tan de otro mundo.

Supongo que toda madre con una casa con niños ruidosos aprecia la rara quietud, pero a esta hora de la medianoche estaba rebosante de expectativas a causa de la soledad. Podía ver las estrellas, y algo en mí quería quedarse ahí, despierta con los corazones de todas las otras madres despiertas en la madrugada; las sentía. Recordé la frase del Libro de Oración Común; estaba con aquellas que "trabajan, cuidan o lloran en la noche", y oré, diciendo: "Les encargo a tus ángeles aquellos que duermen. Atiende a los enfermos, Señor Cristo; dales descanso a los cansados, bendice a los que están muriendo, calma el sufrimiento, compadece al afligido, protege al alegre; y todo eso por tu amor. Amén".[4] Había una conexión delgada ahí; sentí un lamento y entendimiento sagrado, un amor envolvente. Me sentí sostenida, y sentí como si estuviese sosteniendo a otras. Estaba respirando en el Espíritu Santo, frío, brillante y saciador. Dos horas después, ya no estaba tan entusiasmada. Estaba cansada y solo quería dormir dos horas. Murmuraba resentida.

Pero, cuando levanté a Evelynn, gimiendo y deseando estar sola de nuevo, ella exhaló con alivio, y se volvió a dormir en mi pecho unos minutos después, con su pequeño estómago lleno y su corazón tranquilo. Si en esas noches hubiera estado escribiendo una historia de mi vida, aquel sería un capítulo de metáforas.

> **Esto es lo que la maternidad me enseñó sobre Dios: en nuestra relación con él, nos relajamos.**

Esto es lo que la maternidad me enseñó sobre Dios: en nuestra relación con él, nos relajamos.[5] Él me atrapó con una pequeña probada de amor incondicional y luego me enseñó cómo relajarme en ese amar. Me guió gentilmente a evitar que calificara constantemente mi desempeño, que me enredara en obligaciones imposibles y estándares externos de éxito en favor de gozar de libertad y creatividad. Viviendo amados, relajamos nuestras expectativas, nuestros esfuerzos, nuestros deseos de logro, nuestras reglas, nuestro carácter, nuestra respiración, nuestros planes, nuestras exigencias laborales y listas de verificación; nos bajamos de la cinta caminadora del mundo y de la actuación religiosa. Dios está obrando, y su amor por nosotros no tiene ni límites ni profundidad, a lo largo y a lo alto, más allá de toda comprensión. Él permanece fiel.[6]

Él es el Padre en la historia del hijo pródigo, aquel que mira al camino cada día, atento a la primera señal de polvo moviéndose, y él es el que toma sus túnicas y corre apresurado; no será retenido. Sus sandalias golpearán el suelo del camino para llegar a su hijo, a su hija, y estrecharlo en sus brazos una vez más. Y él cubre nuestras protestas y nuestras disculpas con besos y lágrimas de bienvenida. Antes de que no demos cuenta, estamos teniendo una fiesta y bailando con nuestro padre, limpios, alimentados, seguros, confiados y amados como siempre, para siempre.

No se olvido de ti. No se olvidó de tu historia; el llanto de tu corazón no ha sido olvidado. Tus hermanas no fueron olvidadas, y los tiempos gloriosos están por venir porque "esta vida de resurrección que recibiste de Dios no es una vida tímida, no se direcciona a la muerte. Es estar a la expectativa, como una aventura, saludando a Dios como un niño que le dice: '¿Con qué seguimos, Papá?'. El Espíritu de Dios toca nuestro espíritu y confirma quiénes somos realmente. Sabemos quién es él, y sabemos quiénes somos nosotros, Padre e hijos. Y sabemos que vamos a obtener lo que nos espera: ¡una herencia increíble!".[7]

SI MÁS MADRES fuesen pastoras o predicadoras, probablemente tendríamos más sermones y libros sobre metáforas de nacimiento y embarazo conectándonos con la historia de Dios. Estoy bastante cansada de metáforas de deportes y guerra. Si más madres fuesen pastoras o predicadoras, tal vez las bellas escenas del nacimiento de Navidad no serían tan inmaculadas. No cantaríamos canciones de bebés que no lloran. Y tal vez no confundiríamos tranquilidad con paz.

Así como está, asumimos una visión propiamente antiséptica y eclesiástica del nacimiento, dispuesta como un arte elevado para transmitir la seriedad y sacralidad de la encarnación. Es como si la verdad del nacimiento fuese demasiado secular para Emmanuel. El nacimiento se parece a nuestro concepto de "santo" en su estado real.

Entonces pensamos que los primeros días del Dios con nosotros requieren de la dignidad otorgada por nuestra cuidadosa edición.

Pero toda la historia del nacimiento (crear desde la pasión y el amor, llevar una carga amada que crece constantemente, la espera que nunca parece terminar, tejer juntos el asombro en lugares secretos, el miedo bajo la superficie, el dolor, el trabajo, esa línea borrosa entre la alegría y el "por favor, ¿alguien puede hacer que esto se detenga?", el "no puedo" en medio del parto, la entrega de la nueva vida en la sangre y la esperanza y la humanidad) es parte de las cosas de Dios.

Hay algo divino en la espera, en el misterio, en el hecho de ser parte de ello (como acompañantes, no como autoras). Tú sabes que hay una nueva vida viniendo, y la anticipación a veces es excitante, otras veces es cansador y nunca termina. Hay un precio a pagar por el privilegio.

Tuve la fortuna de dar a luz sin complicaciones a dos de nuestros tres pequeños. Me encuentro pensando en esas experiencias bastante seguido; fueron momentos cruciales en mi vida. Mi hija mayor, Anne, nació en el hospital de una manera bastante habitual. Mi niña más pequeña, Evelynn Joan, nació en casa, en un parto acuático, con parteras atendiéndonos, y fue una experiencia hermosa y redentora.

Pero es el nacimiento de nuestro hijo, Joseph Arthur, el que tengo en mente y quiero compartirles. El suyo fue un parto involuntario y desatendido en el garaje subterráneo de nuestro edificio, mientras estábamos por salir al hospital.

No, no estoy bromeando.

Después de empezar el trabajo de parto en casa, todo avanzó mucho más rápido de lo que podríamos haber anticipado, teniendo en mente que a nuestra hija más grande le llevó trece horas. Esto no tenía precedente para nosotros, así que Brian pensó que teníamos que hacer tiempo hasta llegar al hospital, que estaba solo a unos minutos. Tuve cuatro contracciones en el camino al vestíbulo y en el ascensor del edificio. Mi pobre marido, mitad cargándome, mitad arrastrándome, me llevó al garaje, desesperado por ayuda. Me apoyó contra una columna y corrió a la camioneta para acercarla a donde yo me encontraba.

Estábamos por nuestra cuenta: ninguna partera ni doctor, ni siquiera en el piso limpio de nuestra casa. En lugar de eso, estábamos en un garaje sucio, lleno de autos, olor a gas y neumáticos. Mi esposo estaba asustado; muchas cosas podían salir mal en este escenario, pero tuvo el acierto de actuar como si tuviera el control y supiera bien lo que estaba haciendo. Estábamos rodeados de extraños —extraños dispuestos a ayudar, preocupados, pero *extraños* a fin de cuentas— que me iban a ver mientras daba a luz. Solo puedo estar agradecida por el hecho de que esto fue antes de que todo el mundo tuviera un teléfono inteligente, de otro modo, probablemente hubiese sido *twitteado* en vivo con el *hashtag* #OMG.

Obviamente, nada de esto estaba en el plan de nacimiento que tenía en mente.

Mi cuerpo había tomado el control, y todo lo que podíamos hacer era rendirnos al momento completamente. Cada músculo estaba concentrado; todo mi mundo se había reducido a ese mismísimo instante. El parto estaba ocurriendo, y lo estaba haciendo ahora; nada más importaba. Una mujer amable y valiente se adelantó y se arrodilló a mis pies, por si acaso.

> **Puedo asegurarte que no hay nada muy digno en dar a luz.**

Al lado de nuestro viejo Chevy TrailBlazer, de pie, con los brazos de Brian debajo de los míos como soporte, di a luz a mi hijo en mis propias manos: casi cuatro kilos de gritos de humanidad, recibido por mi risa histérica y las incontrolables lágrimas de alivio de su padre. Algunas personas aplaudieron mientras hablaban con el operador del 911.

Puedo asegurarte que no hay nada muy digno en dar a luz.

Y, sin embargo, ese fue el momento en el que sentí que la línea que había construido entre lo sagrado y lo secular se rompía de una vez por todas. A menudo, los momentos sagrados y santos de una vida son nuestros momentos más crudos, más humanos, ¿no?

Podría predicar en la esquina de la calle durante días sobre metáforas de nacimiento y rendición. Podría escribir páginas de poesía para la fuerza trenzada del dolor y la creación y la rendición y de la potencia del amor.

Pero mantenemos callado el desastre de la encarnación —particularmente en Navidad— porque no es lo suficientemente "de iglesia", y muchos no lo entienden del todo. Es personal, privado, y simplemente no hay palabras para ello; y es *demasiado*. Demasiado dolor, demasiada espera, demasiada humanidad, demasiado Dios, demasiado trabajo, demasiado gozo o aflicción, demasiado amor, demasiado desorden y poco control sobre la situación.

Y a veces no resulta del modo que esperábamos, y nos quedamos con preguntas, con profunda tristeza, con los brazos vacíos después de toda la espera, con tristeza hasta la muerte por el anhelo de una vida.

Todo mi concepto de Dios cambió a través de experiencias de embarazo, pérdidas, cargar bebés, nacimientos. Todo eso dejó que mi cerebro, vida y teología alcanzaran lo que mi alma ahora sabía profundamente: Dios es *Abba*. Alcancé a dar un vistazo detrás del velo de este corazón de Padre-Madre, y me emborraché de él. Ningún teólogo o experiencia contracircunstancial puede llevarse lo que sé, lo que muchas madres del mundo ya saben de sobra en sus corazones acerca de la pérdida, el sacrificio, el dolor, el nacimiento, traer bebés a la vida, y la transformación real que se produce; es el Amor, y es sagrado en su desordenada vivencia.

Hay una historia en tus labios, ¿no, mamá? Una acerca de cómo viste la cara de Dios en medio del miedo, el dolor o el gozo, y en cómo entendiste —realmente— a la Madre María. No estaba arrodillada castamente junto a un pesebre limpio, absteniéndose de tocar a su bebé momentos después del nacimiento. En su lugar, adolorida y con regocijo, probablemente presionó a un recién nacido somnoliento, arrugado y manchado de vérnix contra su boca para besarlo, atesorando cada momento en su corazón, maravillándose no solo por su presencia sino también por su propia fuerza. Ella sabía que la rendición, el dejar ir y la obediencia requieren verdadero trabajo, ella sintió cada maullido del bebé en su propia médula.

Aquí, Hijo del Hombre, Hijo de Dios, está el pecho de tu madre: encuentra consuelo, joven estrella.

Pablo les escribió a los creyentes en Roma que somos una creación embarazada, apenas capaz de esperar lo que viene después.

> Los tiempos difíciles de dolor a lo largo del mundo simplemente son dolores de parto. Pero no solo es alrededor de nosotros; es *dentro* de nosotros… Nosotros también sentimos los dolores de parto. Estos cuerpos áridos y estériles anhelan una liberación total. Esta es la razón por la que esperar no nos disminuye, al igual que a una madre embarazada. Nos agrandamos en la espera. Nosotros, claro, no vemos qué nos está

haciendo crecer. Pero mientras más grande es la espera, más grandes nos volvemos, y más alegre es nuestra expectativa. Mientras tanto, en el momento en que nos cansamos de esperar, el Espíritu de Dios está junto a nosotros, ayudándonos.[8]

Esto es parte de a lo que hago referencia cuando hablo de darles la bienvenida y afirmar las historias de las mujeres. Pablo entendía y le daba la bienvenida a esto, usando metáforas únicas de la experiencia femenina en sus cartas. Por ejemplo, las madres pueden contar *esta* parte de la historia de Dios, lo que se vive en el momento intermedio. Hay tantas historias en nuestras iglesias. No soy tan orgullosa y ridícula como para pensar que soy única o que el nacimiento es la única experiencia que trae este tipo de cambio trascendente. Todos podemos testificar acerca de cómo Dios nos encuentra.

Dios se hizo carne y sangre a través de su nacimiento, mostrándonos lo que significa verdaderamente ser humano. Esta es la razón por la que amo el tiempo de testimonios en la iglesia. Ha quedado fuera de moda, pero hay poder en contar las historias de cómo Dios se abrió paso en cada uno de nosotros. Las mujeres pueden contar sus historias, testificando acerca de cómo Dios obra.

Dios encarnado, la Palabra hecha carne, nacido de una mujer, de seguro es importante. Y cuando las nubes de tormenta cubren las tardes y el frío se arrastra desde el norte, trato de recordar que la encarnación de Emmanuel, *Dios con nosotros*, significa Dios haciéndose carne y sangre y moviéndose a nuestro vecindario a través del nacimiento, mostrándonos lo que significa ser verdaderamente humano. Nunca huyó de las experiencias humanas más penetrantes —nacimiento, dolor, muerte, enfermedad— así que, ¿no podemos encontrarlo a él y a sus caminos de redención todavía allí?

*Si alguna vez llega el tiempo
de que las mujeres del mundo se unan
pura y simplemente para el beneficio de la humanidad,
será una fuerza que el mundo nunca ha conocido.*

Matthew Arnold

CAPÍTULO OCHO

Reclamando a las damas de la Iglesia

Sería bueno que esta noche soltáramos algunas carcajadas, y sé exactamente de qué hablar para hacerlo: ministerio de mujeres. ¡Oh, sí! Podremos intercambiar historias de percances y desastres en el ministerio de mujeres, relatos de noches de manualidades que salieron mal y confesiones de habitación en retiros emocionantes. Algunas risas podrán ser genuinas, pero también podrían ser las que en realidad esconden profundas heridas, confusión, celos y amargura, ira, orgullo e insuficiencias, o el sentimiento de estar sobreexpuesta y fuera de lugar.

Tenía solo trece años cuando fui a mi primer evento de un ministerio de mujeres. Fue un desfile de moda. Un momento. Veo que te estás riendo. (¿Acaso me vas a decir que los desfiles de moda casero no eran divertidos allí por los ochenta y noventa?). Una mujer en nuestra iglesia nos deslumbró con unos pantalones de harén de jersey con dibujos de flores y algunas camisetas holgadas. Esta mujer de negocios quería mostrar sus atuendos, tal vez vender algunos, así que las chicas del grupo de jóvenes sirvieron como modelos. Yo doblé mis *jeans* de tienda de segunda mano y la camisa de franela, los puse encima de mis Dr. Martens y seleccioné cuidadosamente uno de los conjuntos brillantes de tonos chillones. Caminé por el altar de la iglesia, me detenía al borde, parpadeaba con una sombra de ojos azul seca y apelmazada, me daba la vuelta y me retiraba. Me tropezaba con mis propios pies en el escenario. En los bancos escasamente ocupados, había madres y abuelas. Jocelyn era la más bonita del grupo, por lo que usó un leotardo negro, que era mejor para exhibir las falsas joyas de oro ("veinticinco por ciento de descuento con la compra de un traje brillante"). Esa experiencia me arruinó un poco la canción "Nuestro Dios es un Dios Maravilloso" (usamos esa canción para modelar).

Una vez casada, traté de hacer que el ministerio de mujeres encajara, pero la mayoría de las veces era tan inadecuado como ese atuendo verde esmeralda chillón. Sobre todo, era difícil llegar allí: trabajaba a tiempo completo, y parecía que la mayoría de los eventos del ministerio de mujeres se hacían en días de la semana. Pero cada tanto iba a los eventos de la tarde, solícita y obediente a mis responsabilidades. Generalmente, nos sentábamos en mesas de ocho, minuciosamente decoradas, para llenar hojas de consignas. El momento de las preguntas era un concurso de silencios incómodos salpicado de respuestas adecuadas para el consumo de extrañas totales reunidas durante dos horas mientras tomaban el té. A veces había noches de manualidades. Pero, incluso cuando finalmente fui el grupo demográfico objetivo de la mayoría de los ministerios de mujeres de la iglesia (una madre que se quedaba en casa, cansada y con una pila interminable de ropa que guardar), todavía no encajaba.

Algunos de nosotros tenemos historias acerca de cómo tratamos de encajar. Fuimos a los eventos, jugamos según las reglas y nos fuimos, sintiéndonos un poco más vacíos y aislados, como una clavija cuadrada en un grupo de artesanías con agujeros redondos un martes por la mañana. Estereotipaba las permanentes y las medias y, lamentablemente, descarté fácilmente a nuestras hermanas al catalogarlas "damas de la iglesia anticuadas". Y luego,

> **Fuimos a los eventos, jugamos según las reglas y nos fuimos, sintiéndonos un poco más vacíos y aislados.**

las damas de la iglesia que amaban las manualidades y pasar tiempo juntas los martes a la mañana se sintieron juzgadas y desestimadas.

Así que dejé de ir a este tipo de encuentros oficiales por un tiempo. Al principio me sentía mal por ello, pero ya me estaba ahogando de tantas cosas bonitas e ideas de manualidades. No necesitaba otro desfile de moda o tutorial de maquillaje, ni otra oportunidad de rellenar un cuestionario en un estudio bíblico con una flor rosa en la tapa. Además, el mundo ya nos daba diseños lindos de magdalenas y consejos de decoración, grupos de álbumes de recortes, y recetas de cocina.

Las mujeres están hambrientas de autenticidad y vulnerabilidad, comunidad real, no de consejos y trucos de vida eclesiásticos de revistas femeninas. Estos pueden ser divertidos, incluso pueden construir relaciones, pero seguramente no es el panorama completo. Algunas de nosotras nos estamos ahogando en nuestras vidas por nuestro pasado o nuestro presente, otras están sofocadas debajo del peso de expectativas no realizadas, y otras están muriendo de sed por querer el agua fresca de un amiga. Tantas de nosotras no crecimos con madres, abuelas, padres o abuelos que amaran a Jesús, y nuestros corazones están tristemente al tanto de nuestras debilidades e insuficiencias de cara a las necesidades reales de nuestros hogares y alrededor del mundo. Ya nos quemamos en Facebook; estamos listas para aprender *comunidad*.

Necesitamos juntarnos para estar en un lugar de desintoxicación del mundo: de sus valores, su entretenimiento, sus prioridades, sus miedos resbaladizos, su obsesión con las apariencias, el materialismo y el consumismo. Soportamos a diario un aluvión constante de estándares poco realistas e inalcanzables para las mujeres: desde nuestra apariencia hasta nuestra productividad, nuestros hogares, nuestros matrimonios, nuestros ingresos y nuestro ritmo de vida. Nos esforzamos mucho en estar en todos lados para todos y nunca envejecer —como las estrellas de cine—, mientras hacemos todo lo que esté a nuestro alcance.

Solía sentir que el ministerio de mujeres estaba enfocado en un tipo de mujer, en una temporada particular de su vida. Pero las mujeres de nuestras iglesias no son todas esposas y madres. Algunas de nosotras trabajamos fuera de la casa por diversas razones, algunas de nosotras aman las flores victorianas y a otras nos gusta la modernidad. A algunas mujeres les gusta hacer artesanías y a otras jugar al golf.

Uno de mis amigos tiene un dicho: "Si no es verdad en Darfur, no es verdad aquí". Él quiere decir que si no podemos predicar en todo contexto, para toda persona, no es verdad para todos; así que deberíamos preguntarnos si realmente estamos predicando el evangelio o no.

Y así es como muchas de nosotras nos sentimos con respecto a la segregación de las mujeres a un solo espacio: simplemente, no es verdad para todas. No todas estamos en la misma etapa de la vida, no todas realizamos las mismas elecciones, no tenemos las mismas experiencias de vida y trasfondos, y no tenemos las mismas prioridades y llamados o pasatiempos. Hemos sido agrupadas por la sabiduría popular y por nuestra anatomía, corporal y aun así todas somos portadoras de la imagen de Dios como mujeres. Así que, ¿ahora qué hacemos?

Muchas mujeres siguen volviendo a los grupos de damas de la iglesia. A veces es porque pasan tiempo con sus amigas, y les gusta ese tipo de cosas, y creo que eso es genial. Yo misma sé que a veces iba porque mis amigas estaban ahí. Pero seguía yendo porque la verdad es que quería lo que el mundo no podía darme.

Quería a Jesús, y quería en mi vida a mujeres que también amaran a Jesús.

¿No es así? Estamos buscando a Jesús. Queremos olerlo en la piel de otras y queremos escuchar qué cosas está haciendo. Estamos buscando compañeras de viaje para este camino. Estamos hambrientas de verdadera comunidad, un lugar donde contar nuestras historias y oír otras, amar bien, aprender cómo tener ojos para ver y oídos para escuchar. Queremos ser parte de algo sorprendente, real, que dure, algo más grande que nosotras mismas.

Queremos estar con otras mujeres que conozcan, amen y sigan a Jesús. De alguna manera, sabemos que lo vamos a amar mejor si también escuchamos acerca de cuánto lo aman otras.

> Queremos estar con otras mujeres que conozcan, amen y sigan a Jesús.

Tal vez ya no necesitamos segregar el ministerio de mujeres. Tal vez se acabó el tiempo de que un solo traje les quepa a todas. Eso puede ser atemorizante para algunas personas, porque seguir programas es más fácil que producir relaciones duraderas y, a veces, incluso pueden facilitar su desarrollo. Aunque, si eso funciona, entonces también está bien.

Realmente no me gusta ninguna propuesta del tipo de "siete pasos para...". Pienso que el Espíritu Santo es más activo de lo que nos damos cuenta, que anhela darnos sabiduría e ideas, percepciones y creatividad para nuestro propio contexto y nuestras comunidades. Esa es, en parte, la razón por la que creo que los ministerios de mujeres no suelen ser divertidos para muchas de nosotras. Es un club *talla única*. Y, si hay algo que las mujeres sabemos de las prendas de talla única, es que no le quedan a nadie.

Mientras más y más mujeres se sinceran sobre la iglesia y la comunidad, los cambios empiezan a ocurrir. Un grupo de mujeres y yo nos juntamos todas las semanas a hablar de cosas reales: sexo, anhelos, esperanzas pospuestas, matrimonio, amistad, hambre, adoración, oración, problemas locales, necesidades globales, todo eso. Cantan muchas canciones juntas, y yo tengo que contarte que la forma más rápida de hacerme llorar es ponerme en un cuarto lleno de mujeres que cantan canciones sobre Jesús. Siempre, cariño, te aseguro que lloro cada vez. Uf.

Otras mujeres se encuentran a leer libros interesantes. Ellas lo hacen en pequeños grupos una vez cada tanto. Se juntan por la mañana en días de semana, pero también se juntan a la noche una vez al mes y casi todas las reuniones invitan mujeres de su comunidad que comparten sobre el movimiento del Espíritu Santo en sus vidas. Un grupo de mujeres mayores creó la "Tarde de sábado", una actividad en la que se ocupan del cuidado infantil de los hijos de las madres solteras de la iglesia, y déjame decirte que fue un éxito (suelen ofrecer cuidados de guardería a las mujeres que se quedan para los estudios bíblicos y manualidades pero, finalmente, alguien les dijo que lo que querían la mayoría de estas mujeres era una tarde para tomar una taza de café con una amiga, ir a comprar o, tan solo, ir a casa a dormir. Así que hicieron eso). A veces, algunas de ellas se juntaban a tejer cosas para bebés en la iglesia y otras a cocinar comidas para personas enfermas. Pero lo mejor de ellas era que hacían cosas difíciles, juntas.

He visto a estas mujeres estar juntas a través de divorcios y pérdidas, a través de la infertilidad y la muerte, durante desórdenes alimenticios y valientes saltos de fe. He sido parte de comunidades e iglesias que han decidido ser mujeres que aman, en las que existe una corriente subyacente de propósito y compromiso que dice: "No tenemos todo el tiempo del mundo para jugar al pequeño y seguro club de la iglesia para damas; tenemos muchas cosas que hacer por amor, así que, ¡vamos!".

No es perfecto, pero es bastante genial.

Nada de esto sucedió por accidente. Nació —como en casi todos los casos— del corazón de un grupo de mujeres que se encontraban y querían algo más que hojas de preguntas, obligaciones y estereotipos. Así que empezaron a estar las unas para las otras. Se arraigó en su comunidad y hoy su ternura cruza los continentes.

Viven sus vidas como una invitación al mundo y a las demás. Siempre estás invitada a participar y siempre estás invitada a empezar algo así, aun si todavía no ves su existencia. A algunas de las mujeres de la iglesia le gusta ir a un centro preventivo local solo para pasar el rato con otras mujeres. A veces dan clases de maternidad, finanzas o nutrición; otras veces tan solo van a la hora del almuerzo para hablar y orar con las mujeres encarceladas que esperan su juicio. Otro grupo de ellas se dirige a un ministerio local que provee buenos abrigos y comidas calientes a prostitutas en un área peligrosa de la ciudad.

A estas damas de la iglesia no les gusta quedarse adentro de la iglesia.

Un año, decidieron adoptar una escuela en su barrio; había muchos niños anotados ahí que estaban viviendo por debajo de la línea de pobreza. Cuando Loretta, que organizó el alcance comunitario, llamó al comité de la escuela, les encantó el plan, pero le pusieron una condición: querían que la iglesia adoptara *cuatro* escuelas. Varios de los hombres de la iglesia también se subieron al tren: oraban regularmente por las escuelas, organizaban entregas de abrigos, hacían de voluntarios, daban fiestas para los miembros y los niños. Aún siguen yendo. Aman a los niños de su vecindario.

Otra historia: mi amiga Tina estaba en una conferencia, cuando escuchó sobre unos soldados del Ejército de la Resistencia del Señor que aterrorizaban el norte de Uganda. Se les habían cortado labios, orejas, narices e incluso los genitales a las mujeres. Muchas de ellas ahora eran VIH positivas, marginalizadas y excluidas de sus propias comunidades y familias porque las cicatrices las definen.

Tina estaba en sus veinte, era hija de inmigrantes y no soportaba pensar en cómo estas mujeres habían sufrido guerra, pérdidas, torturas, violaciones, y ahora, además de eso, no poder proveer a sus familias debido a la desfiguración. Era inaceptable para ella. Así que preguntó qué podía hacer. Y resultó ser bastante simple. Tina ahora considera esta historia como su incidente de inducción, el momento en que se dio cuenta de que no tenía que vivir indirectamente a través de nadie más; ella misma podía hacer algo.

Algunas de estas mujeres necesitaban cirugías relativamente

sencillas para reconstruir sus cuerpos. Tina pensó: *Bueno, intentaré juntar dinero para pagarle la cirugía a una mujer.*

Aunque ella apenas podía correr por la calle si alguien la perseguía, organizó una media maratón en beneficio del Watoto's Living Hope Project, para restaurar la dignidad a las mujeres de Uganda.[1] Cuando lo anunció a sus amigos, algunos se rieron de ella: "¿Tú? ¿Corriendo media maratón?".

Así que se asombró cuando las personas se inscribieron, incluso algunos hombres. Para cuando terminó de perseguir a todos en la pista, había juntado cerca de US$43 600, que alcanzaban para pagar *más de una docena* de cirugías.

A veces las personas me preguntan: "¿Cómo podemos lograr un gran ministerio de mujeres?". Nunca sé cómo responder. Realmente no pienso que ese sea el sentido de la iglesia. La pregunta más grande tiene que ver con las mujeres de nuestras propias iglesias, ¿no?

Creo que tienes un gran ministerio de mujeres cuando las mujeres de tu comunidad se enamoran perdidamente de Jesús. Estas damas de la iglesia son el desbordamiento de mujeres que están capacitadas para liderar, desafiar, buscar justicia y amar la misericordia, seguir a Jesús hasta los confines de la tierra como nuestra madres y padres de la iglesia del pasado.

Tienes un gran ministerio de mujeres cuando las mujeres de tu comunidad se enamoran perdidamente de Jesús.

Tienes un gran ministerio de mujeres cuando hay lugar para todas. Tienes un gran ministerio de mujeres cuando has desintoxicado las visiones y estándares imposibles del mundo para las mujeres y empiezas a celebrar el día a día de las mujeres de valor, sentadas justo al lado tuyo, y cuando alientas, afirmas y recibes la diversidad de las mujeres —sus vidas, sus voces, sus experiencias— en la comunidad.

Tienes un gran ministerio de mujeres cuando ministran —al mundo, a la iglesia, a los otros— repartiendo libremente la gracia que han recibido, como sea que Dios las haya dotado, así sea cocinando, haciendo manualidades, generando estrategias o ejerciendo el liderazgo.

A menudo, pienso en Susanna (la madre del gran predicador metodista John Wesley), que llevó a tantos al Señor. Su hijo dijo: "Si Dios usa mujeres en la conversión de los pecadores, ¿quién soy yo para oponerme?".[2] William Booth, del Ejército de Salvación, reportó que sus "mejores hombres eran mujeres".[3] En su libro *Life and Work on the Mission Field*, J. Herbert Kane escribió que "mientras más difícil y peligroso es el trabajo, más grande es la proporción de mujeres en acción que de hombres".[4] El Dr. David Yong-gi Cho, pastor coreano de una megaiglesia, dice: "¡Todas las iglesias son tan pequeñas! Y todas están reteniendo a sus mujeres, impidiéndoles hacer lo que Dios las llamó a hacer. Les dije que liberen a sus mujeres, pero ellos insisten en que ese no es el problema. Me preguntan: '¿Cuál es la clave de tu iglesia?'. Y les digo una vez más: 'Liberen a sus mujeres'. ¡Pero ellos no me escuchan!".[5]

Así como algunos hombres sirven a Dios en los negocios y otros en cultivando la tierra, algunas mujeres sirven a Dios en misiones, y otras en su cocinas. No hay un camino para ser mujer; no hay un camino para formar un ministerio de mujeres. Solo hay que amar y servir a Dios, compartir la vida juntas en la plena expresión de nuestro ser único. Hacer lugar para todas y darle la gloria a Dios.

Me gusta ser de este tipo de mujeres porque ellas siguen a Jesús bien de cerca, y eso es contagioso. Rara vez parece emocionante; a veces es francamente mundano. Pero, día tras día, estas damas de la iglesia eligen amar, hacer las paces, despertarse, aparecer, y compartir la vida juntas. Aman a sus maridos, aman a sus hijos, se aman entre sí y, finalmente, llegarán a amar a todo el mundo.

Así que he aquí lo que vi cuando reclamamos a las damas de la iglesia: una mujer amada y libre es hermosa. Ella se ríe con sus hermanas y juntas se cuentan sus historias, revelan sus cicatrices y heridas, y los lugares donde se sienten inseguras. Son cuidadoras, crean un refugio donde los jóvenes, los quebrantados, los tiernos y los que están en riesgo pueden florecer.

Estas mujeres bailan y adoran con sus manos en alto y los rostros, empapados de lágrimas, al cielo. Celebran ser diferentes, hablando honesta y respetuosamente sobre la sexualidad y la imagen corporal, prometiendo dejar de llamarse *gordas*. Están salvando a los bebés que son arrojados a la basura, rescatando a niños-soldados, apoyando a madres de todo el mundo que tratan de llegar a fin de mes, pensando en la justicia cuando compran su café diario. Están peleando contra el tráfico sexual. Están pastoreando y aconsejando. Están eligiendo la vida consistentemente, construyendo esperanza, haciendo el trabajo duro de la transformación en ellas mismas. Están rompiendo el silencio de la vergüenza y tirando abajo las puertas de las prisiones del abuso físico y sexual, adicciones, desórdenes alimenticios y depresión suicida. Las cerraduras de la pobreza y la desesperación están siendo abiertas: estas mujeres saben que hay muchas manos ayudando a girar la llave.

No existen quejas sobre los esposos y las tareas domésticas, la malicia o los celos cuando una mujer sabe que es amada por su verdadero ser. Ella está encendida con algo más grande que lo que el mundo ofrece y no se deja intimidar por el silencio o la desesperación.

Es un riesgo, y estas mujeres a menudo están heridas. Lo arruinamos y nos frustramos y enojamos entre nosotras, con nuestros hermanos, esposos, padres, con nosotras mismas.

Pero el regalo de ser vulnerables es algo que estamos tratando de legarles a nuestras hijas, a las mujeres jóvenes y ancianas alrededor nuestro. Estamos creando un mundo donde toda mujer pueda ser quien es, sin disculparse, en libertad.

Ella es amada. Ella se está levantando. Ella finalmente está despierta y, como dice el proverbio chino, cuando las mujeres dormidas despiertan, las montañas se mueven. Ella está segura en el amor y la libertad de su Dios; ella conoce la voz de Jesús hasta los huesos. Y, por lo tanto, ella ama.

Y este Amor, Amor, Amor —más fuerte que la muerte, más fuerte que el mal, que baja a las profundidades y amanece en un nuevo día, que llega hasta los rincones donde el diablo, encogido de miedo, retiene a las almas como rehenes, y que sube a las montañas para cantar en voz alta— se está levantando.

Estas mujeres "típicas", las que podemos descartar o descalificar, están haciendo más para cambiar el mundo que casi cualquier otra persona que haya conocido en la vida real, porque ellas están amando en cada rincón.

Así que, no mires ahora, pero las chispas de nuestro fuego están volando hacia arriba. Tal vez alguna alcance tu corazón.

Quiero estar con mujeres como estas. Ahora, vayamos a reclamar a las damas de la iglesia. No se supone que las mujeres de la iglesia deban permanecer en el rincón de sus ministerios de mujeres: a veces son ordenadas en nuestros púlpitos, otras veces están trabajando en recursos humanos o fregando sus pisos, a veces son todo lo anterior; tienen un asiento en la mesa y una caja de jabón en la esquina; una olla en la hornalla, tal vez un niño en la cadera. Es algo hermoso ver hombres y mujeres trabajando juntos para el Reino de Dios.

Es algo hermoso ver hombres y mujeres trabajando juntos para el Reino de Dios.

Las mujeres tienen más para ofrecer a la iglesia que habilidades increíbles para decorar o noches de artesanías. Miro alrededor y veo mujeres que pueden ofrecer liderazgo estratégico, sabiduría, consejo y enseñanza. Toda su vida es un ofrecimiento y, a veces, la mejor forma de celebrar apropiadamente esa ofrenda es con una docena de magdalenas y un espectáculo de modelaje, y eso también está bien.

El Espíritu de Dios, el Maestro,
está sobre mí porque Dios me ungió.
Me mandó a predicar las buenas nuevas a los pobres,
a sanar corazones rotos,
anunciar libertad a los cautivos,
perdón a los prisioneros.
Dios me mandó a anunciar el año de su gracia
—una celebración de la destrucción de nuestros enemigos—
y me ha enviado a consolar a todos los tristes.
Para atender las necesidades de todos los que lloran en Sion,
darle ramos de rosas en vez de cenizas,
mensajes de alegría en vez de noticias de fatalidad,
un corazón que alaba en lugar de un espíritu lánguido.
Renombrarlos "Robles de Justicia"
plantados por Dios para mostrar su gloria.
Ellos reconstruirán las viejas ruinas,
levantarán una ciudad nueva de los escombros,
tomarán los escombros que quedaron y la harán de nuevo.

Isaías 61:1-7 (extracto, MSG)

CAPÍTULO NUEVE

Moviendo montañas una piedra a la vez

(Este capítulo contiene historias de abuso físico y sexual. Por favor, léelo con discreción).

El pastor Gaetan y su esposa, Madame, tuvieron un sueño para su pequeña familia de huérfanos: una escuela de verdad. Su complejo en Haití era lo suficientemente grande como para albergar una, pero había una gran colina rocosa en el medio, por lo que era inadecuado para el desarrollo.

Un día, un hombre delgado de Haití, de más o menos sesenta años, apareció con un pico y una pala. Con la promesa de pedir solo el almuerzo como pago diario, se encargó de esa gran piedra y desmanteló toda la colina, palada a palada, al calor del sol ecuatorial. Luego, le preguntamos por qué se sintió motivado a hacer esto, qué inspiraba tremendo esfuerzo. Nos contó que siempre anheló ir la escuela y que, aunque ya fuera muy tarde para él, no era muy tarde para Haití. Le tomó meses y trabajo duro, pero niveló esa colina con sus propios brazos fibrosos y espalda fuerte. Finalmente, establecieron la tienda de campaña de la escuela: más de 150 niños y niñas del vecindario aparecieron con sus uniformes marrones.

Gracias al Dios que mueve montañas. Y gracias a Dios por hombres y mujeres que toman piedras, una tras otra, hasta que la montaña se mueve.

> Y gracias a Dios por hombres y mujeres que toman piedras, una tras otra, hasta que la montaña se mueve.

A mi vida no le hicieron falta muchos milagros. No es un secreto. Mi madre me rizaba el cabello cuidadosamente todas las semanas, nos hacía dormir a mí y a mi hermana en nuestras blancas camas gemelas, y su piel a la hora de dormir olía a perfume. Dábamos paseos familiares en bicicleta y mi papá inundaba nuestro patio trasero para que aprendiera a patinar sobre hielo. Nos criamos en el miedo y la advertencia de Don Cherry[a] en *Hockey Night in Canada*. Íbamos al doctor cuando estábamos enfermos, sin dudas, aunque mi papá también ponía sus manos pecosas sobre nuestras cabezas y oraba para sanarnos. Tengo mis propias tristezas, claro, pero, en su mayoría, son penas comunes; y tengo alegrías, especialmente las comunes del día a día. Gocé de profundo amor y en abundancia.

Cuando tenía dieciocho años y ya estaba lejos de casa, sentada en la catedral de mi universidad, escuche la historia de una chica que había decidido seguir a Jesús después de una vida de abusos terroríficos. Cada persona que debería haberla amado o, por lo menos, haberla protegido, la había abusado de forma sistemática: física y sexualmente. Ella apareció en una iglesia luego de su liberación de un correccional juvenil porque una miembro cristiana de la institución donde fue encarcelada le había asegurado que en la iglesia encontraría agua para su alma sedienta, ayuda y una nueva familia. En lugar de eso, unos días después, su madre la encontró muerta, colgada de la lámpara; se había suicidado. Había una nota en los bolsillos de sus *jeans*. En ella, contaba de su desesperación y desesperanza, sobre cómo en la iglesia todos habían sido malos con ella porque no estaba vestida adecuadamente, no tenía una

---

[a] Donald Cherry, comentarista de hockey sobre hielo (N. del E.)

dirección, tenía un mal corte de pelo, no usaba el lenguaje correcto y no era bonita.

La última línea de su nota suicida decía: "Mamá, por favor, entiérrame con mis *jeans*".

La oradora en la capilla ese día fue Nancy Alcorn, exmiembro de la correccional juvenil, y quien le había dicho a esa chica que fuera a la iglesia. Eventualmente, inició Mercy Ministries, una organización sin fines de lucro que funciona como hogar gratuito para mujeres jóvenes que buscan vida y esperanza. Allí es una ministra que mueve montañas una piedra a la vez. El día que la escuché hablar por primera vez, contó una historia. Yo era la dulzura de mis encantadores padres y ahora mi cerebro luchaba por seguir el ritmo de este relato horrible. En esa época creía, como confirmé aquí, que estábamos hechos para amar. Me dolía el estomago, me picaban los ojos y no podía respirar. En aquel servicio en la catedral, en esa conexión divina, Dios sintonizó mi corazón en una nueva longitud de onda: la de *su* corazón. En el momento, no tenía idea de cuán común era este tipo de historias, mucho menos la gravedad de la situación para las hijas de Dios en todo el mundo. Pero di mi primer *sí* a ese palpitar que golpeó debajo de mi caja torácica. Conocía a Jesús, y sabía que nos amaba y que quería que todos fuéramos plenos.

Años después, estuve de voluntaria en Mercy Ministries de Canadá y trabajé ahí durante algunos años. Siempre me sentí inadecuada para la tarea y, aun así, extrañamente privilegiada. Era parte del equipo de mercadeo, comunicaciones y desarrollo. Recolectaba dinero para que estas mujeres jóvenes que luchan con adicciones a drogas y alcohol, abuso sexual y físico, embarazos no planeados, desórdenes alimenticios, autolesiones, mutilación y tráfico pudieran vivir en un hogar gratuitamente, tan solo para experimentar el poder y el amor transformadores de vida de Dios. Hay milagros que están sucediendo ahora mismo, ¿lo sabías?

La llegada de una chica nueva siempre fue difícil. Mientras dejaba sus valijas y se paraba, a veces de manera desafiante, otras veces abatida, en su quebrantamiento, escondiéndose, siempre me preguntaba *¿Es suficiente? ¿Somos suficiente?* Y la respuesta era *no*; no éramos suficientes; no siempre. Pero *Abba* siempre, siempre, siempre es suficiente para todos nosotros.

En la fiesta navideña, Janelle sostuvo a mi bebé en sus brazos mientras yo bebía ponche y cantaba villancicos.[1] Como muchas de nuestras chicas que habían experimentado embarazos fallidos, ella se sentía atraída a cargar a los bebés de los miembros del personal. Unos meses después, las primeras palabras que salieron de su boca en la graduación fueron de perdón. Quería asegurarse de que nosotros —todos— supiéramos que ella había perdonado a cada persona asociada a su historia. Y no puedes no oír su historia: ese timbre continuará sonando en nuestros oídos porque no puedes, nunca olvidarás que esta hermosa joven mujer que hablaba de perdón había sido brutalmente violada por su padre cuando tenía tres años. Tres años. Y, a lo largo de toda su infancia, ese hombre la había prostituido (*a lo largo de su infancia*, el mismo tiempo en el que yo leía *Anne of Green Gables* y rizaba mi cabello). Ella soportó la prostitución, batallas de salud mental, anorexia, repetidas violaciones brutales, noches de terror, soledad, rechazo. Vino a nosotros, a Mercy, y ningún momento de la batalla por su vida fue fácil para ella o para nosotros. Pero aquí, ahora, era un milagro.

Recientemente, visité Haití con una organización llamada Help One Now, una tribu de individuos e iglesias comprometidos con los huérfanos y los niños vulnerables mediante el empoderamiento y la asignación de recursos a los líderes locales para lograr el desarrollo comunitario. Conocimos a los líderes locales comprometidos con el trabajo de reconstrucción después del terremoto. En una de nuestras reuniones, St. Cyr, el pastor local, nos informó que Haití no estaba progresando ni siquiera antes de que el terremoto los golpeara; y ahora la devastación había expuesto completamente y ante el mundo la desnudez del país.

Durante el tiempo que estuve en Haití, y aun después, fui parte de discusiones difíciles sobre el socorro, desarrollo internacional, trabajo humanitario, cuidado y prevención de huérfanos (todo un enredo gigantesco de asuntos, desorden y problemas). Aprendí cuán vulnerables a ser traficados como esclavos son los niños haitianos, particularmente los huérfanos. Los líderes haitianos hablaron seriamente sobre cómo roban, cargan y conducen a los niños a través de las fronteras o hacia los puertos y luego se van. No pude soportar pensar en esta maldad.

Sin embargo, ese día estuvimos junto a una iglesia alegre en el hogar de Richard, un artista local que creó su propio negocio basado en microfinanciamiento. Ahora, sus obras son exhibidas en galerías, y él se encarga de la educación y el cuidado de su hijo; además, con su propio dinero construye casas para otras familias. La justicia económica es empoderante; veo a Richard, y pienso que él y su hijo son importantes.

Cuando visitamos la improvisada ciudad de carpas, me enojé. Sí, me enojé con Dios, con el mundo y conmigo misma. *¿Cómo puede ser que exista un lugar así en nuestro mundo?* No podía soportar el olor, la vista, la realidad del lugar, y ver allí bebés de la edad de mis hijos. Una niña pequeña con una camisa de vestir rosada para hombres, más grande que su talla, barría constantemente el piso de tierra de su choza en un esfuerzo inútil por mantener su hogar limpio y ordenado, y todos mis entendimientos cuidadosamente razonados sobre cómo *todos tienen una vocación diferente y algunos de nosotros somos llamados a cosas diferentes como al alivio de la pobreza y el cuidado de los huérfanos* apestaba a herejía.

Caminé entre los escombros y asentí con mi gentil *bonsoir* francocanadiense a su *bonswa* criollo, mientras el atardecer caía. De pronto, un pensamiento irrumpió en mi mente: estar aquí me aterrorizaba. Estaba tan asustada en la oscuridad. ¿Cómo lo soportaban estas mujeres? Uno de nuestros guías me contó cómo, antes de que las Naciones Unidas instalarán luces, este lugar era literalmente un "campo de violación".

> **Nos quedamos en esa ciudad de carpas, entre nuestros hermanos y hermanas haitianos, con bebés en nuestras regazos, y cantamos hasta volar el techo de lona: "Gloria, gloria, gloria a Dios; ¡él ha sido bueno con nosotros!".**

Nos quedamos en esa ciudad de carpas, entre nuestros hermanos y hermanas haitianos, con bebés en nuestros regazos, y cantamos hasta volar el techo de lona: "Gloria, gloria, gloria a Dios; ¡él ha sido bueno con nosotros! ¡Amén! ¡Amén!". ¿Por mi parte? Quiero arrojar cosas cuando estoy decepcionada de mi vida agradable. Me encapricho y no canto alabanzas porque, aparentemente, espero que mi vida sea perfecta, limpia, ideal y tan bonita como se ve en Pinterest. No quería llorar en su iglesia, por respeto, así que oculté las lágrimas que me corrían por el rostro. Todavía no sé si me sentía enojada o afligida. Un niño de unos siete años me pidió que me casara con él algún día (qué coqueteo). Había una niña pequeña con un vestido azul cubierto de frutillas y adornado con un tela color rojo a cuadros, sus cintas de pelo atrevidas y alertas; quiero recordar por siempre ese pequeño vestido dulce y limpio en la ciudad de las carpas.

Creo que nací de nuevo esa noche, y ahora Dios huele —además de a lagos y pinos del norte, aire y agua limpios— a sudor, a zanjas de aguas residuales, a carbón y aguacates.

No tenía un marco de referencia de Haití. Todavía no tengo algo con que compararlo, ninguna metáfora, pero allí vi a Dios; lo hice. Y ya no parecía el mismo.

Conocí a muchos hombres y mujeres que serán famosos en el cielo. A través del pastor Gaetan y su esposa, Madame —la pareja de la que les hablé antes— aprendí que la fe puede y, de hecho lo hace, mover montañas. Y aquí es que aprendí que a veces nuestra fe más santa se parece más a pasar toda nuestra vida haciendo que la montaña se mueva roca por roca, piedrita por piedrita, en un día tras día muy poco sexy, arrojando la montaña poco a poco al mar en lugar de esperar que lo haga por sí misma.

Había catorce huérfanos viviendo en tiendas hace algunos años. No tenían agua potable, comida ni escuelas, pero al menos había seguridad. El pastor y Madame, con sus dos bebés, acogieron a todos estos chicos para mantenerlos a salvo de las calles, incluso si no podían mantenerlos. Cada noche, el pastor dormía en una cuna de hospital entre ellos, en las tiendas, en aquel calor insufrible, en vez de hacerlo en su propia cama. Cuando le pregunté por qué hacía eso, me miró directamente a los ojos —tal vez había algo de lástima en su mirada— y me dijo: "Un pastor no abandonará a su pequeño rebaño".

Estadounidenses, canadienses, europeos, iglesias, agencias de misión, organizaciones no gubernamentales, todos vinieron a visitar a esta familia improvisada. Ellos les hicieron promesas y luego se marcharon y nada cambió. Aun así, el pastor y Madame permanecieron fieles a estos pequeños, sin tener con qué proveerles.

Cuando la tierra se sacudió en Haití, el pastor Gaetan perdió a su hermano y a muchos miembros de su congregación. Dieciséis huérfanos más llegaron a su puerta. Ahora había treinta niños de ojos tristes, y solo el pastor y su pequeña familia estaban allí con ellos.

¿Qué se podía hacer, dijo, más que abrirles las puertas?

Encontrar agua requería de búsquedas diarias de todo el día; la comida era un lujo. Se afligieron y sobrevivieron y trabajaron y soñaron y adoraron y, de alguna manera, mantuvieron alma y cuerpo juntos. No sé cómo, realmente.

Chris Marlow y el resto de Help One Now decidieron trabajar

con el pastor Gaetan y, tan solo dos años después, me quedé en su humilde hogar —sí, hogar— y vi las camas donde hoy duermen los niños, y vi el pozo de agua limpia, y vi chicos bellos y sanos.

La crisis de huérfanos está directamente relacionada con el desarrollo económico y social de las familias, de las mujeres en particular, a lo largo del mundo. Hay 440 000 huérfanos solo en Haití, según la United Nations Children's Fund (UNICEF), y esta crisis es intrincada y compleja.[2] Pero, como pueblo de Dios, tenemos una elección: o ponemos excusas o hacemos que las montañas se muevan, una piedra a la vez, una tras otra. La fe radical se parece a la fidelidad, y mira lo que Dios puede hacer con ella.

Aquí hay algo que aprendí sobre los milagros: a veces se parecen al rayo, un relámpago revelador; y a veces los milagros son llegar a tiempo a tus reuniones de consejería. A veces, los milagros lucen como sanación instantánea; y otras, como medicación, paciencia y disciplina. A veces, es el trabajo poco sexy y rutinario de amar a la gente y elegir la justicia, aun sin nadie que lo note. Pero quiero que sepas esto: el corazón de Dios por la humanidad es buenas noticias para los pobres, consuelo para los quebrantados de corazón y liberación de los cautivos. Su favor ha llegado, y él nos da "una corona de belleza para las cenizas, una bendición alegre en vez de un lamento, un elogio festivo en vez de desesperanza".[3]

Supongo que, para la mayoría de los teólogos, soy demasiado liberal con la palabra *milagro*. Pero no puedo pensar otra palabra para describir lo que vi con Janelle y todas nuestras chicas en Mercy, en nuestras consejeras, voluntarias, en cada iglesia buena y verdadera que les da la bienvenida en sus vidas como hijas amadas a nuestras graduadas. Veo milagros en cada oración que hacemos, cada mano que sostenemos, cada palabra de vida y esperanza que decimos, cada mirada que encontramos. No puedo pensar en otra palabra para el canto "Cuán Grande Eres Tú" en medio de la ciudad de las carpas; para los huérfanos que buscan familias y para los esfuerzos de desarrollo comunitario dedicados a mantener a las familias intactas;

para ver a una niña recién nacida que amamanta en la clínica prenatal bajo la atenta mirada de las parteras, para las montañas que se mueven y las niñas solitarias con perfectas cintas para el cabello en una nueva escuela en Puerto Príncipe; para las mujeres que han sido abusadas y que se fortalecen para liderarnos a todas; para amistades generosas y respetuosas entre el primer mundo y el tercero.

¿No lo puedes ver? Todo es un acto de protesta, un arrebato a la oscuridad, una proclamación de libertad, una revolución de amor. ¿No es eso un milagro?

Han pasado más de dieciséis años desde que me senté en aquel servicio en la catedral, con mi corazón verdaderamente destrozado por primera vez. Desde ese entonces, se ha roto repetidas veces por las hijas de Dios en nuestro mundo, y sigue siendo reparado por el milagro de todos los días del pueblo de Dios que lleva adelante la difícil tarea de escoger el amor sobre el miedo, de trabajar en lo que Dios ya ha trabajado en ellos, moviendo montañas piedra por piedra.

En esto es que le decimos *sí* a Dios: no se trata solo de un *sí*. Ese *sí* sigue resonando y esparciéndose, como ondas en un estanque después de arrojar una piedra, hasta que el *sí* de Dios y el *sí* de nuestros corazones y el *sí* del amor de Jesús y el *sí* de todos nosotros se extiendan por el mundo.

Cada año voy a una reunión con mujeres que amo, que son mi gente. Recuerdo que, un año, una líder con los ojos artísticos de un profeta entregó un carretel de hilo rojo grueso y comenzó a pasarlo por las filas. Enrollamos ese hilo rojo por toda la habitación, todas sosteniendo nuestra pequeña parte y siguió desplegándose sin fin, como la antigua viuda con sus botellas de aceite, hasta que cada mujer en la habitación tuvo una parte de la conexión roja: la mujer de atrás se conectó con la del escenario, y entendimos que todas somos importantes.[4] Si una de nosotras tironeaba, todas lo sentíamos.

"¿No lo puedes ver?", dijo nuestra profetisa desde el frente. "Si una de nosotras está herida, todas sufrimos". No se refería solo a nuestro pequeño grupo en el oeste de Canadá; se refería a todas nosotras: te estábamos sosteniendo en nuestros corazones y también a nuestras hermanas en Ontario, en Burundi, en Nebraska, en los Países Bajos, en Melbourne.

Durante aquel día juntas, nos reímos y lloramos. Nos turnamos para contar las historias de cómo estábamos participando en el movimiento de Dios en el mundo. Hablamos de pasos que dan miedo dar, sobre riesgos terroríficos en la comunidad y sobre la generosidad, sobre la destrucción de nuestras antiguas zonas de confort. Fue una reunión parcial, solo una parte de la puesta en marcha: no tuvimos tiempo de discutir y definir los límites.

Para ese entonces, Janelle se había graduado del programa Mercy, y estaba en la reunión. Se sentó en un sofá blanco al frente, al lado de otra graduada, Carissa, y la directora ejecutiva de Mercy en Canadá, Nicola. Ambas, Janelle y Carissa, estaban allí para contarnos sus historias, Nicola estaba ahí para acompañarlas y para recibir un presente. Cuando Janelle comenzó a hablar en voz alta, hasta el brillo de los teléfonos se opacó. Un pequeño hilo rojo en mi propio corazón se desenrolló y se envolvió alrededor de esas dos jóvenes. Ansiaba abrazarlas a ambas mientras hablaban de su dolor y quebrantamiento. Los escenarios no son cómodos para dar testimonio, ¿no?

Janelle dejó de hablar de un momento a otro. Su voz crujió de dolor; no podía contar la siguiente parte de su historia en voz alta. Su lengua no la dejaba, la paralizaba con el dolor de los recuerdos. Estábamos en silencio, y yo sentía dolor por ella, ahí arriba, luchando, sin poder decir sus propias palabras; me preguntaba si debíamos ir a buscarla y dejar que bajara.

"Está bien, cariño. Te amamos. Todas te amamos. Te apoyamos, cielo".

Entonces, justo desde atrás de mí, la voz de una mujer gritó en la paciente quietud: "Está bien, cariño. Te amamos. Todas te amamos. Te apoyamos, cielo".

Y esa joven mujer valiente allí arriba, nuestra heroína, sonrió a través de las lágrimas mientras nuestras voces crecían. Ahora todas lo estábamos diciendo, en voz alta, desafiando a la oscuridad: "Te amamos, te amamos, te amamos, te amamos". Carissa y Nicola alcanzaron a sostener sus manos, y luego Janelle empezó a hablar de nuevo, anclada por sus hermanas. Ella molió la vergüenza bajo sus pies; terminó su historia, valiente, con su propia voz, claramente orgullosa de sí misma. Sollozamos y aplaudimos hasta que nuestras manos hormiguearon.

Las mujeres en ese cuarto eran gran parte del por qué aquellas graduadas estaban sentadas en ese sofá. Habían orado por cada una de las chicas, habían dado cientos de miles de dólares a lo largo de los años para sus casas, para sus consejeros certificados y para su comida. Estas mujeres caminaron por la propiedad orando, dejaron paquetes de ropa, nos predicaron el evangelio con sus vidas a todas nosotras. Y, mientras esas dos graduadas se pararon en el escenario, de pie por todas las chicas que estaban en sus casas, todas las chicas que aún están esperando una cama, todas las graduadas del mundo entero, las mujeres de aquella habitación les dieron la bienvenida a Janelle y Carissa como hijas, como hermanas, como si fueran hijas muy esperadas. Por estas chicas hemos orado.

Cuando volví de Haití, mis amigos y la comunidad de mi *blog* participaron en una recaudación de fondos para una nueva escuela junto con el pastor Gaetan en *Yahve Shamma*.[b] Se necesitó una aldea global, hombres y mujeres juntos, porque esto era una iglesia. Somos el pueblo, los hombres y mujeres de Dios reunidos juntos para la comunión, para ser comunidad, para respirar Espíritu Santo y para dispersarnos nuevamente y establecer otro puesto avanzado del Reino.

---

b Yahve Shamma Village es una iniciativa de desarrollo comunitario de Help One Now (N. del E.).

De cara a la opresión y la oscuridad, la luz está creciendo más brillante, y estamos de ese lado. Estamos entre mujeres y hombres con esperanza que aman, y somos parte del movimiento redentor de Dios en el mundo ahora mismo. La novelista Barbara Kingsolver escribe: "Lo menos que puedes hacer en tu vida es descubrir lo que esperas. Y lo que más puedes hacer es vivir dentro de esa esperanza. No admirarla a la distancia sino vivir justo en ella, bajo su techo".[5]

Éramos un grupo pequeño ese día, en una pequeña reunión, cuando Janelle subió a hablar. Éramos tan solo un grupo de amigas con hambre de hacer algo, de dejar un legado en Haití al construir una escuela. Pero no somos especiales; realmente, no. Tan solo tenemos esperanza y determinación. Representamos a una multitud en todo el mundo; somos los hombres y mujeres que han decidido ser los que aman. Martin Luther King Jr. creía que, casi siempre, "la minoría creativa y dedicada había hecho mejor al mundo".[6]

Es fácil, tal vez, olvidar que esas mujeres son parte de esta montaña en movimiento, pero siempre hemos sido parte de la gran historia que Dios está escribiendo. Hoy, ahora, todos estamos trabajando junto con predicadores y profesores, activistas y educadores, madres y padres, granjeros y empresarios. Estamos en cada esquina del arte y de la música, la política y las leyes, los negocios, la ciencia, la medicina, los deportes, la tecnología, el entretenimiento, las universidades. Tal vez tengamos poca representación y sueldos bajos, pero estamos aquí y estamos allá. Somos montañas que se mueven.

Esa es la belleza de salir: descubres que ya hay muchos de nosotros allí afuera, esperándote.

Mi amiga Sarah está en Ottawa criando a sus dos hijos, trabajando junto a su marido como abogados porque tienen visiones de desarrollo económico en el tercer mundo. Tara ayuda a dar a luz en una clínica partera en Haití; también es madre de siete hijos. Kelly cría a sus niños en medio de dos culturas mientras contribuye a Amahoro, una red emergente de líderes africanos para la conversación teológica y para el desarrollo comunitario, iniciativa de su esposo africano en Burundi.⁷ Sudafricana de nacimiento, canadiense por casamiento, mi amiga Idelette empezó un sitio web llamado *SheLoves Magazine* como un lugar para reunir historias cotidianas de sororidad para mujeres que trabajan en el Reino de Dios. Ahora, SheLoves es un movimiento global.⁸

Jenn está criando valientemente a su hijo, sola, luego de que su esposo abandonara la familia. Tracy lidera a ministros de adoración en la iglesia con su esposo. En primera fila, sus tres pequeñas ven a su mamá bailar libremente y con los brazos extendidos en el escenario. Gracias a Tracy, mis propias hijas y mi hijo pueden bailar en los pasillos de la iglesia, libres y vivos por la presencia de Dios en su comunidad. Loretta reza en el centro preventivo para mujeres detenidas. Rachelle aconseja a mujeres jóvenes en crisis. Megan abandonó el trabajo que siempre deseó para quedarse en casa y criar a su bebé; hay un nuevo trabajo soñado que está tomando forma en su corazón.

Estas son mujeres que lucen igual a ti y a mí. ¿Estás sorprendida?

A veces, al celebrar a los héroes evangélicos de la fe, hemos comunicado algo falso sin advertirlo: si no es grande y audaz y está oficialmente aprobado, no es lo suficientemente bueno para Dios.

Brian y yo, en broma, nos referimos a esto como nuestro Complejo Evangélico de Héroes. Todos esos años de escuchar sermones y leer libros, de ir a campamentos juveniles y asistir a estudios bíblicos (todos esos años de hacer grandes cosas para un Dios grande con visiones grandes y planes grandes) nos dejaron con expectativas locamente altas para nosotros mismos, acompañadas de un entendimiento reducido de lo que es seguir a Jesús. Y cuando, como la mayoría de los niños de nuestra tradición, nos encontramos con una vida normal, en la que *no les predicas* a miles en una noche, terminamos sintiéndonos como fracasados, como si de alguna manera no estuviésemos dando con la talla, como si no estuviéramos sirviendo a Dios de manera efectiva. Debemos haberlo pasado por alto porque, ¿no se supone que nuestra vida se trata de hacer cosas grandes y exitosas para Dios con mucha atención, favor y éxito audaz?

Parece que hemos armado una jerarquía falsa en nuestras mentes: todos en el ministerio vocacional público de tiempo completo están en la cima de una Cadena Alimentaria Cristiana Verdaderamente Comprometida. El resto de nosotros somos trabajadores de apoyo, algunos nos llaman forraje. Después de todo, si te tomas realmente en serio a Dios, te tienes que meter en un ministerio a tiempo completo.

Así que valoramos al hombre que les predica a miles desde el frente más que al trabajador social con un montón de casos de personas septuagenarias, más que al cuidador de un alma cansada, más que a la madre soltera que entrena baloncesto en los suburbios, más que a la viuda que teje para bebés en la unidad de cuidados intensivos neonatales del hospital regional.

> La concepción *que* Dios tiene de *héroe* es muy diferente a la del mundo.

Hemos estado tan ocupados celebrando a los míticos héroes evangélicos, que hemos olvidado que hay héroes en todos los ámbitos de la vida, con todo tipo de llamamientos y proporciones de éxito. La concepción que Dios tiene de *héroe* es muy diferente a la del mundo.

Esto es lo gracioso que aprendí cuando empecé a desenredar mi Complejo Evangélico de Héroe: estoy bastante segura de que, en realidad, no hay cosas grandes para Dios.

Solo hay cosas pequeñas hechas una y otra vez con gran amor, como dijo la Madre Teresa. Con gran fe. Con gran obediencia. Con gran gozo, sufrimiento, lucha o perdón diarios, generalmente sin aplausos apreciativos ni un elegante y profesional resumen en video. Y la gracia cubre todo eso y Dios hace algo bello. Una piedra a la vez.

> **Estoy bastante segura de que, en realidad, no hay cosas grandes para Dios. Solo hay cosas pequeñas hechas una y otra vez con gran amor.**

A nadie le sorprenderá saber esto: no soy una heroína. Pero lo que sí quiero es tomar el trabajo de mi vida ahora, hoy mismo —ya sea con un libro que esté escribiendo o una llamada que esté haciendo o una comida que esté preparando—, y quiero sostenerlo todo en mi mano abierta, con una oración e intención inspirada por el Espíritu. Quiero ser llena con el conocimiento de que todos somos un universo frágil que necesita amor, antes de poner mi ofrenda en el altar y pedir que descienda el fuego santo.

Un alma es tan importante como noventa y nueve, vale la pena dejar todo atrás para ir al rescate. Si hay un alma a tu cuidado, un rostro en tu mirada amorosa, una mano en la tuya, entonces estás amando en el mundo. Como escribe William Paul Young: "Si algo importa, entonces todo importa", así que el trabajo de hoy, el amor que damos y recibimos y prodigamos en las aparentes pequeñas tareas y elecciones de nuestros días puede inclinar la balanza de la justicia y la misericordia en nuestro mundo.[9] Pablo nos recuerda que somos un cuerpo, cada parte está necesitada, cada parte es necesaria. Hay diferentes tipos de dones, pero el Espíritu es la fuente de todos ellos.[10] Todos nosotros, juntos, somos el cuerpo de Cristo, y cada uno de nosotros es una parte importante.[11]

Entonces, tal vez hayas pasado justo por al lado de estas mujeres sin nunca saber que estabas en la presencia de las transformadoras del mundo. Es probable que ya estés hombro a hombro con mujeres y hombres de propósito y pasión, la tribu que elige el Amor a cada momento, que lucha contra la oscuridad de la desesperación, que mueve montañas una piedra a la vez.

Si solo tuviésemos ojos para ver
y oídos para oír e ingenio para entender,
sabríamos que el Reino de Dios
en el sentido de santidad, bondad, belleza está tan cerca
como la respiración y está clamando nacer dentro
de nosotros mismos y dentro del mundo; sabríamos que el
Reino de Dios es lo que todos nosotros anhelamos por encima de todas
las otras cosas, incluso cuando no sabemos su nombre o no nos damos
cuenta de que es por lo que estamos muriendo de hambre. El Reino de
Dios es de donde vienen nuestros mejores sueños y nuestras oraciones
más verdaderas. Lo vislumbramos en esos momentos cuando nos
encontramos siendo mejores de lo que somos y más sabios de lo que
sabemos. Lo vemos cuando, en algún momento de crisis,
parece que nos llega una fuerza mayor que nuestra
propia fuerza. El Reino de Dios es a donde pertenecemos.
Es hogar y, nos demos cuenta o no, creo que
todos sentimos nostalgia por él.

Frederick Buechner

CAPÍTULO DIEZ

Venga tu Reino

L as hijas de la tierra están clamando por la justicia y la paz de Dios. El primer y tercer mundo y los que están entre ellos, estamos enterrados en las estructuras del poder del mundo, en sus tensiones, historias, en la caída del antiguo imperio de la autoridad y el patriarcado, en la guerra y las injusticias económicas, las jerarquías y maldad del sistema, generación tras generación. David Bosch explica de una forma muy bella cómo, nosotros, pueblo de Dios, nos "erguimos valientemente, aquí y ahora, frente a aquellas estructuras, como señales del nuevo mundo de Dios".[1]

Me pase un año leyendo los evangelios mientras Brian estudiaba en el seminario. Él volvía a casa con libros gruesos sobre teología misional justo en el tiempo donde yo me preguntaba por qué Jesús había hablado tanto sobre "el Reino" y qué quería decir con ello. Así, aprendimos juntos. (¿Qué puedo decir? No podíamos pagar TV por cable, así es como nos divertíamos).

El Reino de Dios era el mensaje de Jesús. Como señala Dallas Willard, él lo proclamó, manifestó y enseñó.[2] El evangelio es Jesús mismo y sus buenas noticias: *el reino ha venido*.

Gracias a los inviernos en las praderas de Canadá, aprendí a caminar por las huellas de mi padre. Luego de una nevada, saldríamos afuera y, con sus zapatillas Sorels grandes, viejas y blancas, abriría el camino a través de la nieve profunda. Mi hermana y yo colocábamos cuidadosamente nuestros pies en sus pasos para evitar la nieve en nuestras pequeñas botas y la indignidad de los calcetines mojados antes de que la diversión comenzara. Seguíamos su camino a través del patio, a través del campo y hacia la pista al aire libre para otra tarde de patinaje. Vendría la hora de la cena, y cada niño canadiense te dirá que no hay mayor alivio que el momento en el que te quitas los patines y la sensibilidad vuelve a tus pies congelados en una cálida cabaña de skate. Luego, vuelves a tu casa en la oscuridad, caminando deliberadamente tras los pasos de tu padre.

Los caminos del Reino son los caminos de un discípulo: andamos en los pasos de nuestro Jesús para aprender a ser más como él, ahora, en nuestra casa, en nuestros trabajos, en nuestras familias, nuestras iglesias, nuestras comunidades, nuestro mundo. Caminamos hacia hoyos de nieve que están delante de nosotros. Somos aprendices de los caminos del Maestro, eso quiere decir que tratamos de vivir nuestras vidas como si Jesús estuviese en nuestro lugar. No hacemos esto por obligación: Dios lo hace a través de la transformación. Una vez que nos convertimos en discípulos de Jesús, vivimos en el Reino de Dios. Y no podemos separar nuestra salvación como si fuese un evento privado, divorciándola de lo que Darrell Guder llama el "adviento del reino sanador de Dios por todo el mundo".[3] El nuestro es un llamado diferente: a demostrar la realidad del poder redentor de Dios en el mundo de hoy.[4]

Según R. Paul Stevens, uno de los profesores favoritos de mi esposo en aquellos años, la misión es lo que "Dios está haciendo en el mundo a través de la iglesia, e incluso sin la iglesia, para llevar a la creación a la consumación; unidad y totalidad en Jesucristo".[5] Hemos sido enviados al mundo como portadores de su imagen, como emisarios del Reino, así como el Padre envió al Hijo; y como el padre y el Hijo enviaron al Espíritu, así somos enviados ahora.

Y, como escribe David Bosch: "Participar en la misión es participar en el movimiento del amor de Dios hacia la gente, ya que Dios es una fuente de enviar amor".[6] La misión de Dios es tu misión y la mía, y es el trabajo de cada hijo e hija que viven amados mientras nos unimos con Dios en su gran y hermosa misión. El feminismo de Jesús es solo una hebra en esta gloriosa obra.

El feminismo de Jesús es solo una hebra en esta gloriosa obra.

El Reino de Dios claramente contrasta con los modos de este mundo. La Iglesia no siempre ha contrastado ni contrasta del mismo modo. Pero tengo esperanzas porque no somos el único pequeño fuego aquí en la costa; somos uno de los tantos que hubo a través de los tiempos. Aun así, el Reino de Dios es más grande que los fracasos y éxitos de la Iglesia, que las decepciones, las traiciones, las concesiones y los grandes triunfos.

El pueblo de Dios tiene un mensaje único y bello para las mujeres del mundo: están hechas de forma temerosa y maravillosa. Su *Abba* se deleita en ustedes. Son iguales en valor. Son encantadoras. Son llamadas; elegidas, amadas. Son talentosas. Pertenecen. Son dignas y valiosas. Importan.

Amiga, esta noche podemos dejar esta fogata y, juntas, poner algunas señales y flechas en dirección hacia el Reino: *Este es el camino a Narnia.*

Mujeres —hermanas, hijas, madres, esposas, amigas—, el Reino ha llegado. Dios es nuestro hogar. Hallarán descanso para su alma cansada. Hay sanación y perdón aquí. Hay justicia para el mal que te han hecho. Hay dignidad y honor.

Qué idea tan salvaje. De verdad, es emocionante. Imagina a nuestras iglesias y comunidades, imagina nuestras vidas como la avanzada del estilo de vida del Reino, justo donde estamos ahora. Como proclama Carolyn Custis James en (mi ya gastada copia de) *Half the Church*:

La comunidad del pueblo de Dios debería ser el epicentro del florecimiento humano: donde hombres y mujeres sean alentados y sostenidos en sus esfuerzos por desarrollar y usar los dones que Dios les ha dado, donde sea que los haya puesto en este mundo...

Dios nunca imaginó un mundo en el que los portadores de su imagen llevaran una vida en cámara lenta o en la que fueran animados a contenerse, especialmente cuando el sufrimiento es desenfrenado, la gente está perdida y hay tanto trabajo del reino por hacer. Él quiere que sus hijas prosperen, maduren, ganen sabiduría, perfeccionen sus dones, contribuyan a los vastos propósitos en nuestro mundo... Dios creó a sus hijas para ser constructoras del reino, para que le presten atención a lo que está pasando alrededor de nosotros, para que entren en acción y contribuyan.[7]

Mientras recibimos y afirmamos las voces de las mujeres en nuestras iglesias y comunidades, mientras aprendemos a caminar con una actitud de confianza en vez hacerlo con un lenguaje de combate, mientras participamos en el movimiento redentor de las mujeres, mientras hacemos espacio para nuestra sabiduría y experiencias y mientras cuidamos al oprimido de modos tangibles, nos estamos uniendo a Dios en su actividad de cuidado, sostenimiento y transformación en la tierra.[8] Como dice J. C. Hoekendijk, nuestro rol es "averiguar qué está haciendo Dios en el mundo, celebrar y abrazar su misión".[9]

El Reino de Dios no será construido o expandido, estratificado y/o fabricado por nuestros propios esfuerzos, por más bienintencionados que seamos. Ese simplemente no es el lenguaje del Nuevo Testamento. El Reino de Dios es mucho más bello que un programa de ventas o plan de mercadeo o que unas estadísticas del gobierno. El Reino de Dios trabaja en nosotros como la levadura, crece como una semilla en tierra fértil. Entra en silencio, de manera integral, radical, alegremente subversiva, directamente al núcleo de nuestra humanidad, desenvolviendo, renovando y dándole trabajo a nuestras manos. Aparece cuando vivimos al amor y donde nos amamos los unos a los otros. Y el Reino de Dios perdura.

Siempre y cuando sigamos a Cristo en el consejo del Espíritu Santo, descansado en el amor de nuestro *Abba*, ya no tememos, porque en el amor no hay miedo. No tememos a las pendientes resbaladizas, no nos tememos los unos de los otros, no le tememos al cambio, y no nos tememos a nosotros mismos o a lo que la gente pueda hacernos. Este amor sin miedo le permite a la misión de Dios inyectarse en nuestras pequeñas vidas de semilla que crecen a través de nuestras familias, comunidades, cultura y gobierno como zarcillos entrelazados. La raíz del árbol de Isaí está creciendo salvaje y hermosa.

El Reino de Dios es una perla de mucho valor. Es la levadura del pan casero, levantándose cálida y vívida solamente después de un buen amasado. Es la semilla más chiquita de un arbusto, y es un poderoso roble de justicia. Es el tesoro en el campo vacío; donde es mejor vender todo para obtenerlo: tu entretenimiento, tu plan de retiro, tu jubilación, tu casa, tu comodidad, el seguir ignorando las cosas, tu última palabra, tus respuestas correctas, tu pequeña vida segura y predecible centrada en evitar el desencanto o las molestias en tu agenda. Es una torre fuerte, un refugio. No estamos expandiendo o construyendo este Reino; lo estamos recibiendo; lo estamos heredando y somos partícipes. No es una lluvia de ideas de mercadeo: es el Reino de Dios, y ya está aquí. Míralo y pruébalo.

Cada regalo bueno y perfecto viene de nuestro amoroso Padre de las luces.[10] Podemos tener vistazos del Reino en estos regalos. Practicamos el Reino de Dios como con ese viejo piano. Ejercitamos la belleza, la libertad y el gozo, al hacer encajar nuestros pasos en los pasos de nuestro Jesús. Esta es la senda: camina por ella.

Creo que el Reino es siempre un momento perfecto y bueno

en nuestras vidas, porque estos momentos sirven como una probada, solo una pequeña, de lo que Dios realmente pretende para nosotros. Es nuestra fogata para bailar y reír. Es amigos que están cuando importa. Es hacer reír a tus pequeños. Es bebés dormidos acurrucados en el pecho de su madre y el peso de sostener otra alma. Es sabiduría y belleza, paz, amor y gozo, y también es buen café y comida verdadera, sol de la tarde y mantas cálidas hechas a mano. Es el renuevo de la mañana. Es hacer el amor y despertar en los brazos del otro, saciados y enredados.

El Reino es un vistazo de la verdadera masculinidad y feminidad, sin miedo o estereotipos o abusos del mundo. Somos los portadores de la imagen restaurada, todos juntos en concierto, todos participando, todas las partes funcionando con santa interdependencia. Es confianza, risas, y una santa toma de riesgos; es vocación, trabajo y adoración. Es compartir liderazgo y responsabilidad. Es alejarse del lenguaje de la jerarquía y el poder hacia la postura de la servidumbre. Es afirmar las vidas de los otros en sus facetas y llamados. Es hablar, trabajar y abogar en nombre de nuestros hermanos y hermanas oprimidos alrededor del mundo.

Su Reino es de inversiones, de los más pequeños siendo los más grandes. En este Reino, tanto los niños como los ancianos son amados y respetados. Es una familia hermosa y loca que escucha y habla muy fuerte y te ama aún más fuerte en tus momentos débiles.

> **El Reino es darles vuelta la cara a los caminos del mundo.**

Es arte y cocreación; es música y teología en el ritmo cotidiano de nuestras vidas. Es dar nuestro dinero, porque hay un tesoro más grande en dar que en acumular. Es provisión; es suficiente. Es una bienvenida. Tú —sí, tú— eres bienvenido aquí. Te hemos estado esperando.

El Reino es darles vuelta la cara a los caminos del mundo. Es ojos que ven y oídos que escuchan y corazones que entienden. Es un momento de inspiración en la cima de la montaña y es el misterio de encontrar a Dios en los momentos más pequeños y mundanos. Es diverso y global, una canción de reconciliación.

A los que no tienen voz se les da una canción y el resto de nosotros finalmente escuchamos lo que estuvieron diciendo todo este tiempo. Los cansados reciben nueva fuerza y gozo. En el Reino de Dios no hay tal cosa como un extranjero.

Son cuerdas que cuelgan de ramas viejas para que nos balanceemos y caigamos en las profundidades de ese delicioso espacio entre el deleite y el miedo a lo desconocido, como niños balanceándose sobre un río perezoso alimentado por la primavera. Es cada pecado cometido en pensamiento, palabra y obra, perdonado; arrojado tan lejos como la distancia entre el este y el oeste.

Y también pienso que el Reino es, de algún modo, cada mal y momento terrible de la vida, redimidos. Es restaurar la belleza de la noche en lugar de los recuerdos del terror. Será algún día, cuando Cristo regrese y corrija todas las cosas y el cielo se plante en la tierra, porque, como escribe el teólogo N.T Wright, "la resurrección de Jesús es el comienzo del nuevo proyecto de Dios. No para arrebatar a las personas de la tierra hacia al cielo sino para colonizar la tierra con la vida del cielo. Eso, después de todo, es de lo que se trata la Oración del Señor".[11] No habrá más lágrimas, no más sufrimiento ni despedidas. El Reino será una reunión alocada e impactante donde todos estaremos diciendo "aleluya". Los descartados de nuestro mundo —aquellos a los que nuestra cultura trata con desdén, desprecia, decepciona y devasta— guiarán las risas y el baile. Parte de nuestra adoración debe ser secar las lágrimas de cada rostro, la labor de llenar baldes del pozo de la salvación para regar la tierra cansada y renovarla.

Es mensajes de gozo y puertas abiertas para darles la bienvenida a nuestros niños que vuelven a casa después de la guerra, donde dejaron sus espadas olvidadas y descartaron los rifles de asalto.

Es una cosecha rica de exiliados reunidos de todas las naciones; son armas transformadas en herramientas de arado.

Este es el mundo que estamos profetizando con nuestras mismísimas vidas.

Nuestro *Abba* está constantemente arreglando cosas. No va a descansar, no se ha quedado dormido en el trabajo, y no va a renunciar. No te ha olvidado. En la oscuridad, hay fogatas en la costa. La gloria de Dios brillará como el sol del mediodía. Y nadie se perderá. Seremos el pueblo de la vida, no de la muerte. Estamos siendo la avanzada del Reino aquí en la orilla.

ENTONCES, ¿QUÉ HACEMOS mientras buscamos seguir los pasos de nuestro Padre hacia el Reino? ¿Cómo establecemos los puestos de avanzada? Creo que todo comienza con la paz. La palabra que tengo en mente es la antigua palabra hebrea *shalom*. El *shalom* de Dios es completa paz: plenitud, salud, bienestar, seguridad, validez, tranquilidad, prosperidad, perfección, llenura, descanso, armonía. Esta paz es hallada en Cristo y su Reino.

Shalom no solo es un "cese de hostilidades", explica Darrell Guder en *Missional Church*. "En su lugar, *shalom* concibe la total prosperidad del pueblo de Dios que vive bajo el pacto del cuidado exigente y gobierno compasivo de Dios. En la visión profética, tal paz viene aparejada de justicia. Sin justicia, no puede haber paz real; y sin paz, no puede haber justicia real. De hecho, solo en un mundo social lleno de paz cimentada en la justicia puede entonces aparecer la total expresión del gozo y la celebración".[12]

Shalom es una palabra activa; estamos llamados a buscarlo, a hacerle espacio, buscar su sendero, precisamente porque el Camino de Jesús es el camino del *shalom*, y somos el Pueblo del *Shalom*. Es una forma de saldar deudas, arreglar al mundo, restaurar el balance. Cuando estamos en la relación correcta con Jesús, entonces estamos relacionándonos bien con los demás y con nosotros mismos.

Dios anhela la justicia. Y, como su pueblo, ansiamos la justicia. Es precisamente por nuestro gran amor por Dios que perseguimos la justicia, hacemos la paz, amamos a nuestros enemigos; buscamos reconciliar almas con su Salvador, cuidamos a las viudas y a los huérfanos, construimos escuelas para niños al otro lado del mundo; y, también, todas las noches hacemos la cena y chequeamos la tarea de nuestros pequeños. Rechazamos las mentiras, la desigualdad, afirmamos el Espíritu, perdonamos radicalmente, abogamos por el amor y lo demostramos doblando ropa, y vivimos estas formas de *shalom* del reino de manera profética en el mundo.

> **Es precisamente por nuestro gran amor por Dios que perseguimos la justicia, hacemos la paz, construimos escuelas para niños al otro lado del mundo y también hacemos la cena todas las noches para nuestros pequeños.**

Muchos de los problemas sociales más importantes de nuestro tiempo —pobreza, falta de educación, trata, guerra y tortura, abuso doméstico— pueden rastrear su camino hasta nuestra teología o creencias sobre las mujeres, que tiene sus raíces en lo que creemos sobre la naturaleza, el propósito, y el carácter de Dios. Veintidós mil chicos mueren cada día debido a la pobreza. Y "mueren en silencio en alguna de las villas más pobres de la tierra, muy lejos de todo escrutinio y consciencia del mundo". Según la UNICEF, aproximadamente 1,1 billones de personas en países en desarrollo tienen un acceso inadecuado al agua, y 2,6 billones poseen falta de saneamiento básico.[13]

Las mujeres que tienen entre quince y cuarenta y cinco años tienen más probabilidades de ser mutiladas o asesinadas por violencia masculina que de morir de cáncer, malaria, accidentes de tráfico, y guerra, combinados. Un tercio de las mujeres se enfrentan a abusos en su casa.[14] Otro gran estudio encontró que, en la mayoría de los países, entre el 30 y el 60 por ciento de las mujeres ha experimentado violencia física o sexual por su esposo o novio. Hasta el 70 por ciento de las víctimas mujeres son asesinadas por sus parejas masculinas.[15]

Más de 135 millones de niñas y mujeres han sufrido mutilación genital, y 2 millones más de niñas están en riesgo cada año. Las muertes de "honor", en donde un pariente de la mujer la asesina por deshonrar a la familia, también son una preocupación que no está limitada por fronteras de ningún tipo.

Las mujeres forman parte del 70 por ciento de las personas más pobres del mundo y poseen solo el uno por ciento de los títulos de tierras, según un reporte de la ONU.[16] Sufren de desigualdad en el acceso a la educación y la formación, así como de discriminación por parte de sus empleadores. La mayor parte de las mujeres ganan (en promedio) cerca de tres cuartos del sueldo que los hombres reciben por hacer el mismo trabajo, fuera del sector agricultor, tanto en países desarrollados como en desarrollo. Los estudios han indicado que, cuando las mujeres poseen activos u obtienen ingresos, es más probable que el dinero se invierta en nutrición, medicina y vivienda; en consecuencia, sus hijos son más saludables. Por cada dólar que gana la mujer, invierte ochenta centavos en su familia. Los hombres, por otro lado, invierten cerca de treinta centavos y son más proclives a malgastar el dinero en alcohol y otros vicios. Más de setenta y cinco millones de niños en edad escolar primaria no están en la escuela. Más de la mitad de estos niños son chicas y el 75 por ciento de ellos viven en África subsahariana y Asia meridional. De todas las niñas en edad escolar primaria en todo el mundo, el 20 por ciento no está en la escuela, en comparación con el 16 por ciento de los niños en este rango de edad. Eso es una de cada cinco niñas aptas en todo el mundo que no van a la escuela primaria.[17]

Y, más cerca de casa para muchos de nosotros, las estimaciones oficiales indican que más de 300 mil mujeres son violadas cada año en los Estados Unidos.[18] Dos ejemplos pequeños dentro de la media son las imágenes de la industria de la alta moda, de la violencia sexual contra las mujeres con fines publicitarios,[19] y el crecimiento de la pornografía en nuestra cultura.[20] Recientemente, las noticias mostraron a unos jugadores de fútbol de una escuela secundaria que, en una fiesta en una casa, sacaron fotos de una chica inconsciente antes y después de violarla,[21] y hubo comediantes que bromeaban de cuán gracioso sería violar a una mujer de la audiencia.[22]

Estas estadísticas y anécdotas son en lo que pienso cuando las personas me preguntan si hemos superado la necesidad del feminismo. Detrás de cada estadística hay una historia, un alma y una consecuencia.

"Aslan está en movimiento", escribió C. S. Lewis en mi copia gastada de *El León, la Bruja y el Ropero*. Yo quiero moverme con nuestro Dios no-seguro-pero-bueno.

Estoy cansada de malgastar mi tiempo en debates sobre los límites de lo que deben o no hacer las mujeres. Me retiro. Qué aventura destinada a perder el tiempo. Son argumentos pequeñísimos sobre un dios pequeñísimo.

Nuestro gran y buen Dios está trabajando en el mundo, y nosotros hemos sido invitados a participar completamente: como sea que Dios nos haya dotado, equipado y llamado a cada uno. No necesitamos identificarnos como feministas para participar en el movimiento redentor de Dios para las mujeres. El evangelio es más que suficiente. ¡Claro que lo es! Pero, mientras sepa lo importante que es la salud materna para el futuro de Haití y sepa que las mujeres están siendo abusadas y violadas; mientras sepa que a las niñas se les niega la vida por medio del aborto selectivo, el abandono y el abuso; mientras las niñas valientes en Afganistán sean atacadas con ácido por el delito de ir a la escuela; y hasta que ser cristiana sea sinónimo de hacer algo al respecto, también pueden llamarme feminista.[23]

Algunas personas piensan que la hermenéutica de un movimiento redentor puede ser altanera, que no valora la Escritura. Después de todo, ¿no erosionaría esto la infalibilidad de la Biblia? ¿No es orgulloso, por ejemplo, decidir lo que Pablo *realmente* quiso decir? ¡Para nada! Creo que este movimiento está apoyado en la escritura y continúa el movimiento que el Espíritu Santo le dio a la Iglesia en Hechos. Pero también requiere una dosis saludable de humildad y sumisión a Cristo. Porque ahora, conforme leemos la Biblia, esta nos exige acción y consideración mientras continuamos llevando la historia de Dios en el siglo XXI.

En lo que considero un gran acierto, el predicador estadounidense y teólogo Jonathan Edwards dijo: "La tarea de cada generación es descubrir hacia dónde se está moviendo el Soberano Redentor y moverse en esa dirección".[24]

Esto requiere que nos preguntemos en oración: ¿A dónde se está moviendo Dios? ¿Cómo puedo vivir el *shalom* de Dios?

¿Cómo sería para nosotros vivir proféticamente en la realidad de nuestras iglesias para traer el Reino hacia nuestros hogares, matrimonios y nuestras vidas cotidianas? ¿Hacia dónde se está moviendo Dios, de qué manera ya está trabajando y cómo me puedo unir? ¿Cuál es el corazón de Dios para la humanidad? Y, ¿estoy participando en hacer realidad *esa* visión? ¿Qué piedra de la montaña estoy moviendo en un acto de fe radical?

Algo que da miedo, que cambia la vida, que vira el paradigma es hacerte esta pregunta honestamente: ¿Me estoy moviendo con Dios para rescatar, restaurar y redimir a la humanidad? ¿O me aferro rápido, con los ojos cerrados, a los hábitos y costumbres culturales de un mundo imperfecto, con pleno conocimiento de la injusticia y las imperfecciones, viviendo en desacuerdo con el sueño de Dios para sus hijas e hijos? Él llama a su pueblo cada vez más hacia afuera, hacia el trabajo salvaje y sagrado de restauración, renovación y redención.

Como nos pregunta Carolyn Custis James: "¿El evangelio de Jesús es meramente una versión más amable y gentil de los modos del mundo de hacer las cosas o nos lleva a una forma completamente diferente y olvidada de relacionarnos como hombres y mujeres?"[25]

Dentro de este marco, ya no podemos usar un pequeño puñado de las Escrituras sacadas de su contexto original como una excusa interminable para oprimir, silenciar o subyugar a las mujeres, por muy bienintencionadas y benevolentes, pequeñas e insignificantes, abrumadoras y sistémicas que sean.

Mi amigo o amiga: hemos perdido la base para sostener el antiguo mundo patriarcal y hemos perdido la posibilidad de hacer un uso caprichoso de nuestros versículos favoritos ante la injusticia. En su lugar, ahora estamos participando en el Reino venidero de Dios. Estamos juntos en una misión, hombres y mujeres, uniéndonos en el gran rescate de Dios.

Por el bien del evangelio, las mujeres deben hablar, enseñar, ministrar y también profetizar. Por el bien del evangelio, una mujer debe ser libre de caminar como la *ezer kenegdo* inspirada por Dios en cualquier vocación, etapa y lugar de su vida. Y llevar a cabo todo junto a sus hermanos, como la guerrera *ezer* original de la Creación, para ver venir el Reino de Dios y hacer realidad su voluntad expresada.

Las jerarquías erróneas y las desigualdades no tienen lugar en el *shalom* de Dios. El patriarcado no es el sueño de Reino de Dios, así que podemos aflojar nuestro control sobre esta vieja forma de pensar culturalmente condicionada, abrir nuestros dedos y dejar que simplemente se hunda hasta el fondo.

El patriarcado no nos dejará participar en el movimiento

restaurador del Espíritu para la alianza que hombres y mujeres pretenden. Carolyn Custis James observa sabiamente: "Cuando la mitad de las iglesias impiden el avance —ya sea por elección o porque no tienen alternativa— todos pierden y nuestra misión sufre contratiempos".[26]

Puedo ver las luces de esa ciudad en una colina cada vez más brillante y me dan ganas de abrir las puertas. El novio está viniendo. ¿Puedes sentirlo? En el dolor, la lucha y el mal de nuestro mundo imperfecto, no es de extrañar que anhelemos el *shalom* del Reino de Dios hasta nuestra médula. Las lágrimas están punzando; mi corazón está latiendo; algo está pasando aquí: *Aslan está en movimiento*. El sueño de Dios se está haciendo realidad en cada doloroso día en el que rechazamos la oscuridad.

Cuando termine, quiero decir: toda mi vida
fui una novia casada con el asombro.
Fui el novio, tomando al mundo en mis brazos.
Cuando termine, no quiero preguntarme
si hice de mi vida algo concreto y real.
No quiero encontrarme suspirando y asustada
o llena de argumentos.
No quiero haber sido solo una visitante en este mundo.

Mary Oliver, "When Death Comes".

CAPÍTULO ONCE

Insurgencia íntima

"Bueno, ¿y a dónde vamos desde aquí?", te preguntarás. "¿Ahora qué?", dicen las iglesias frustradas. "¿Cómo? ¿Cuáles son nuestros siete pasos hacia la igualdad? ¿Cómo hacemos que otras personas lo crean? ¿Cómo cambiar las cosas para las mujeres en nuestra iglesia y en el mundo? ¿Qué debemos hacer?".

No lo sé.

(¿No es gracioso cuánto miedo nos da admitir que no sabemos? Es como si se supusiera que tenemos que tenerlo todo resuelto antes de empezar).

Pero confío en Él. Confío en Él en cada aspecto de nuestra vida y nuestro mundo, y anhelo participar en su actividad en el mundo. Jesús está construyendo su Iglesia, no solo en sus constituciones y códigos, sino en el moldeado de sus corazones y mentes a este modo de vida. Somos una familia —no una empresa— dispersa y, aun así, reunida.

La igualdad bíblica no es el último paso; es uno de los medios para el gran final de Dios: todas las cosas redimidas, todas las cosas restauradas. El feminismo de Jesús es solo una hebra de Dios en la bella trama de redención de la historia.

Empieza justo en los pies de Jesús. Mira hacia el Amor, y sí, nuestro Jesús guiará tus pasos, uno tras otro, por estos pequeños caminos hasta que llegues a amar a todo el mundo.

No te puedo decir tu lugar en esta historia. Nadie puede. Y así es como Dios lo pretendía: ve hacia él. Si a alguno de nosotros le falta sabiduría, pídala a Dios; él es fiel para darla.[1]

A mí me falta sabiduría. ¡Y en cuántos aspectos! Me falta sabiduría en mi diario andar por la vida como esposa y madre, como escritora, amiga, hija, discípula; y tengo mucha menos para con el trato patriarcal sistemático hacia las mujeres en la Iglesia en su conjunto y para las grandes preguntas de nuestros tiempos sobre las injusticias y la maldad hacia la mujer en todo el mundo. Solo soy una pequeña mamá guerrera que pelea esta batalla para las mujeres; no soy la Winston Churchill de esta guerra (aunque tal vez tú lo seas... Sería una bendición). No, yo soy más bien la resistencia subterránea, una especie de insurgente íntima. Pienso que soy una de las muchas que toman cada oportunidad, por pequeña que sea, para construir la vanguardia de la feminidad del Reino.

> **Soy una de las muchas que toman cada oportunidad, por pequeña que sea, para construir la vanguardia de la feminidad del Reino.**

Para mí, todo está en las pequeñas operaciones. En el cheque mensual enviado al hogar residencial para chicas que luchan para poder controlar sus vidas. En la determinación de valorar a mis hijas e hijo por su valor intrínseco. En dar respeto y honor a las historias de las mujeres por el mundo y en mi vecindario. En elegir a la iglesia que afirma a la mujer en el ministerio tanto en la práctica como en los papeles. En criar a mis pequeños para que, ante todo, sigan el ejemplo de Cristo. Está en las elecciones por la justicia diaria. Está en rehusarse a ignorar las duras historias por mucho que quiera meter mi cabeza en la arena y actuar como si no estuviesen sucediendo. Está en escribir una carta a una pequeña niña de Ruanda que perdió a sus padres por el SIDA. Está en abrir nuestros hogares con verdadera hospitalidad y en recordar a los solitarios. Está en usar mis palabras para amarnos a todos. Está en las resoluciones y votos en nuestras iglesias. Está en la apertura que solo nace del Espíritu. Está en seguir los pequeños y diarios impulsos de *Abba* hasta que nuestra vida sea transformada en el camino estrecho del movimiento redentor de Dios, que siempre avanza.

Estamos haciendo espacio para Dios detrás de las líneas enemigas porque ya vivimos allí. Podemos ser un pueblo en el exilio, pero estamos plantando jardines y trabajando para el bien de la ciudad.

Mientras tanto, estas pequeñas operaciones sirven para desmantelar desde adentro las líneas enemigas, desde adentro de nuestros propios corazones, desde adentro de nuestras hijas e hijos y de nuestros amigos; y luego unir nuestros corazones, manos, oídos, energías, mentes, y nuestras voces a nuestras hermanas por todo el mundo. Maya Angelou escribe: "Hablando estrictamente, uno no puede legislar el amor, pero lo que uno puede hacer es legislar la equidad y la justicia… Legislar nos permite tener la oportunidad de ver si podemos amarnos entre nosotros".[2]

La justicia de Dios no viene sin su presencia. Cuando invitamos a la presencia de Dios a nuestras vidas, empezamos a ver a dónde va y, simplemente, lo seguimos.

Incluso en nuestro activismo, al predicar con nuestros pies, voces, manos, dinero y vidas, no siempre se nos dan opciones claras para elegir. ¿Nos quedamos en esta iglesia o nos vamos? ¿Continuamos discutiendo por la igualdad en esta institución o abandonamos esos argumentos cansadores y recurrentes? ¿Permanecemos en un matrimonio que no glorifica a Dios o nos vamos? ¿Deberíamos abolir el ministerio de mujeres o seguimos planeando retiros y conferencias? ¿Deberías quedarte en casa con tus hijos o ir a trabajar? ¿Predicas desde un púlpito o predicas silenciosamente en tus relaciones? ¿Persigues un ministerio vocacional a tiempo completo o escoges otro camino? ¿Buscas la justicia en los suburbios o te vas mudando con tu familia por el mundo? ¿Estableces un cupo para cuántas mujeres hay en la junta de la iglesia? ¿Pones tu mente y energía detrás de un cambio sustancial a través de la acción política y cambio de políticas en el mundo?

Estas no son cuestiones que se acoten a ser correctas o incorrectas, blancas o negras, *sí o no*. Estas preguntas solo se contestan permaneciendo en la Viña, buscando en la Escritura, oyendo consejos sabios, orando y luego tomando riesgos santos.

A veces es más fácil hablar de la gran y amplia Iglesia, o del gran y amplio mundo que hablar de nuestras propias vidas, ¿no?

Podemos pontificar por días sobre lo que está haciendo mal la Iglesia y lo que necesita cambiar y emitir juicios fácilmente. Tendemos a pensar en masa o a señalar como una forma que nos ayuda a disociarnos de nuestra propia culpabilidad.

Pero Jesús fue claro en esto: la renovación de tu mundo empieza con tu corazón y tu vida. Necesitamos mirar la viga en nuestros propios ojos mucho antes de comenzar a esforzarnos por las astillas en los ojos de los demás.

Y tal vez necesitamos arrepentirnos. Tal vez necesitamos perdonar a nuestros opresores, a nuestros predicadores, nuestros políticos y a nosotros mismos. Tal vez necesitamos buscar reconciliación, pero quizás necesitamos abrir nuestras manos y dejarlo ir. Tal vez necesitamos seguir a nuestro Pastor a los lugares altos, paso a paso, confiando en su liderazgo activo en cada decisión. Tal vez necesitamos cambiar nuestro tono o nuestra táctica.

Dios puede llamarte a liderar en un cargo o puede llamarte a una vida serena de profunda relevancia. Puede llamarte al matrimonio o a la soltería (probablemente a un poco de ambas). De todas formas, vives siendo amada o amado, su carga es ligera, su yugo es fácil; él da gozo al luto y belleza a las cenizas, y nuestra única responsabilidad es seguir sus pasos.

Tal vez, primero debamos hacernos algunas preguntas honestas, probablemente tengamos que empezar por nuestra pequeña alma. Debemos erradicar las mentiras del enemigo de nuestros pensamientos sobre los demás, sobre nuestros matrimonios e iglesias.

El tipo de revolución de Dios no sucede con espadas o manipulaciones, con relaciones quebrantadas y retóricas del "yo estoy bien y tú estás mal". Incluso si cambiamos de prácticas o comportamientos, aún estamos buscando corazones transformados. Debemos reconocer en nuestros huesos el corazón de Dios por la igualdad y la plenitud en el Cuerpo de Cristo y vivir nuestras vidas desde esa verdad, con inclusión y alegría, como profetas vivientes del estilo de vida de Dios.

Y orar. Oh, hermanas y hermanos, *orar*. Ir con valentía al trono de la gracia, donde recibimos misericordia por nuestros pecados. Él es nuestra Esperanza, nuestro Lugar de Descanso. Nos podemos arrepentir (una palabra demasiado anticuada para decir algo tan simple como "dar la vuelta y retroceder a los pasos de Jesús"). Reza por tu matrimonio, tus hijos, por tu iglesia y tus pastores. Reza por tus amigos y por tus mentores, héroes y padres. Ora por las mujeres de todo el mundo, por los líderes del mundo, por los profetas y poetas, por los pragmáticos y los que hacen política, por que todos se levanten a participar del *shalom* de Dios. Ora por sabiduría en cada decisión, ora para escuchar claramente la voz de Dios a la vez que subviertes los modos que propone el mundo sobre amor y el matrimonio, hombres y mujeres, autoridad y sumisión, guerra y justicia "ojo por ojo"; y luego, ora con tus pies: haz algo.

Necesitamos a los pragmáticos y a los expertos políticos, a los que se comprometen con ver al camino de vida de Dios dar frutos a través del planeamiento estratégico, resoluciones, presiones gubernamentales y juntas de ancianos. También necesitamos profetas y poetas que nos canten en el camino a casa, que nos den una perspectiva de una mejor forma de hacer las cosas. Necesitamos iglesias institucionales y comunidades inadaptadas; necesitamos Canadá y necesitamos Camboya; necesitamos a todos, una compañía de redimidos, una gloriosa sinfonía en lugar de un conjunto de solistas dislocados y disfuncionales.

Te necesitamos: tu voz, tus manos puestas en acción. Tú importas en esta historia.

Esta es la razón por la que hablo tan a menudo acerca de vivir amados sobre cualquier otra cosa, porque ese es nuestro punto de partida para nuestra vida real, ya sea que nuestros llamados estén relacionados con el pragmatismo, con hacer políticas o ser profetas o poetas; ya sea que seamos los generadores del cambio visible o los subversivos de bajo perfil.

Eugene Peterson parafrasea las palabras del apóstol Pablo: "Primero tomamos nuestra vida cotidiana y ordinaria —nuestras horas de descanso, de alimentarnos e ir al trabajo— y la colocamos ante Dios como una ofrenda. Abrazar lo que Dios hace por nosotros es lo mejor que podemos hacer por él. Cuando pongamos nuestra atención en Dios, seremos cambiados desde adentro hacia afuera. Reconoceremos fácilmente lo que quiere de nosotros y responderemos rápido. A diferencia de la cultura que nos rodea, que siempre nos arrastra hacia abajo, hacia sus niveles de inmadurez, Dios siempre saca lo mejor de nosotros, desarrolla nuestra madurez".[3]

"Si los discípulos se hubiesen propuesto 'cambiar el mundo', habrían fallado miserablemente, perdiéndose en su propia ingenuidad y sabiduría para conseguir tan ambiciosa tarea", escribe Wayne Jacobsen.[4] En cambio, Jesús admite que los está llamando a una gran tarea, pero los alienta: "No estén abrumados por ello. Es mejor empezar por lo mínimo. Denle un vaso de agua fresca a alguien que tenga sed, por ejemplo. Los actos más pequeños de dar o recibir te hacen un aprendiz verdadero. No perderán en nada".[5]

Nada cambia de manera verdadera y permanente cuando

usamos a la gente, presionamos agendas o hacemos acusaciones de herejía. La justicia que estamos buscando es la justicia de Dios: la que no deja a nadie rezagado o afuera. Su justicia rompe cadenas, libra al mundo de injusticia, libera a los oprimidos, cancela deudas. Él está interesado en vernos compartir nuestra comida con los hambrientos, invitar a los que no tienen hogar y a los pobres a nuestras vidas, poner ropa a los que no tienen, y estar totalmente presentes para nuestras propias familias.[6]

Como feministas, a veces encontramos que nuestros propios esfuerzos están errados y, a menudo, frustrados. Vemos injusticia y queremos eliminarla *ahora*. Lo entiendo, y siento lo mismo. Necesitamos comprometernos absolutamente con el trabajo diario, imposible y contracorriente para derribar la injusticia.

Pero debemos recordar que, en definitiva, todos esos esfuerzos se frustran, y a veces están mal dirigidos, sin Cristo. Si Cristo no está en el centro de nuestra obra, si él no es el autor de la obra, la gloria de la obra, entonces usualmente no es fructífera y permanece incompleta. Tal vez podamos ganar la batalla en ese momento, pero la guerra por los corazones y las mentes favorece al enemigo; la amargura echa raíces, y la guerra continúa. Solo Cristo puede arrancar la raíz del pecado que comenzó con todo esto.

Cuando Cristo empieza a trabajar, completa lo que hace. Su corazón está para sus hijos e hijas, en pos de su libertad, y él les da la bienvenida al hogar familiar; somos parte de ese trabajo santo. Y si somos llamados al trabajo duro y poco sexy de arreglar las cosas lento, con pocos logros visibles, podemos permanecer alegres en la perseverancia. Debemos obedecer a Dios. Esa obediencia puede ser percibida como rebelión y orgullo para algunos; otros la verán como dar demasiado o no lo suficiente.

El Reino de Dios es como un banquete. Todos aparecen en busca de un lugar de honor, anhelando sentarse en la cabecera de la mesa. Pero Cristo nos dice que nos sentemos en el último lugar: "Así, cuando el anfitrión llegue, tal vez les diga: 'Amigo, ven al frente'. ¡Eso les dará algo de qué hablar a los invitados! Lo que estoy diciendo es que si caminas orgulloso, terminarás estrellándote contra la pared. Pero si solo te contentas contigo mismo, te convertirás en más de lo que eres".[7]

La verdadera justicia y la igualdad no fluirán desde el estrellato, las posiciones de "honor" o los grandes escenarios. La justicia fluye del corazón de nuestro *Abba* y, cuando nuestros corazones están afinados al de él, esa justicia fluye a través de nuestras vidas aquí y ahora.

Ocasionalmente, puede que nos encontremos en un lugar de honor e influencia, pero incluso si no somos honrados en este mundo, aún somos parte de la avanzada del *shalom* de Dios en la siembra y el cuidado de las semillas para su gloria. Podemos soportar a nuestros hermanos y hermanas más débiles con gracia y amor, edificándolos en el amor.[8]

Gretchen Gaebelein Hull es una feminista cristiana comprometida. Ella también entiende esta paradoja de la que hablo:

> ¿Puedes beber de esta copa de sumisión? Me doy cuenta a la perfección de lo que mucho de ustedes están pensando: *Eso es lo que siempre hemos hecho.* Pero yo te preguntaría: ¿Puedes ahora beber de la copa como Cristo quiere que lo hagas? No porque debas hacerlo. ¿Escogerías hacerlo? ¿Estarías dispuesta a poner a un lado tus derechos legítimos, si el momento para hacer uso de ellos todavía no es el adecuado en tus circunstancias particulares? ¿Estarías dispuesta a poner tu carrera en espera si eso es lo mejor para tu familia o tu entorno cultural? ¿Trabajarías paciente y amorosamente para el cambio; más que hundirte en la ira y la amargura? ¿Te comprometerías a trabajar de la forma en que Cristo lo hizo, incluso si te encuentras en situaciones muy poco parecidas a la de él?[9]

Así que mi activismo como feminista de Jesús está marcado y se distingue por estar al servicio de los demás en primer lugar.

Rechino y molesto, defiendo y hago la paz tanto como puedo, no por mí, sino por mis hijos e hijas, y también por otros hombres y mujeres, por su bienestar, su salud, su seguridad, por su felicidad.[10]

Ese es el trabajo del evangelio, ¿no? Yo no estoy primero; tú estás primero. Todos estamos en igualdad de servir. Quiero que tanto los hombres como las mujeres florezcan en su ser ordenado por Dios; quiero que las mujeres alrededor del mundo estén a salvo y bien educadas, que tengan derechos como ciudadanas, que voten, que puedan tener propiedades, dar a luz en condiciones seguras; que tengan la elección de casarse por amor, que puedan liberarse de la explotación sexual. Nuestra energía va hacia el Reino como parte de nuestra participación en vivir el Reino y primero lo hacemos en nombre de otros.[11]

Y recuerda: no trabajamos en vano.

No somos como aquellos que trabajan y no cosechan. Nuestra cosecha está llegando, y es más grande y grandiosa que las metas incrementales aprobadas por la ONU, ¿no es así? Nos aferramos a la promesa de Dios de que la injusticia no ganará y que Cristo arreglará todas las cosas, y nos movemos un poco más adentro del movimiento redentor de Dios.

¿Te importa si me paro aquí en la orilla y lloro ante ese pensamiento?

Oh, aleluya.

Descansa en esto; sostenlo en las noches oscuras, cuando tengas frío y estés sola aquí en la costa con un fuego que chisporrotea débil, sin un amigo al lado tuyo: él hará que todas las cosas estén bien. No trabajas en vano.

Amamos desde el centro de nuestro ser.[12] Y he aquí lo bello de todo esto: mientras nos levantamos con los ojos encendidos y una oración tejida en nuestras almas como el humo en nuestros cabellos, puede que demos vuelta todo esto hacia el final, por la sangre del Cordero y nuestro testimonio,[13] por la semilla plantada que crece para ser un roble poderoso, por la levadura que hace que todo el pan crezca, viviendo de manera profética y plena.

No nos cansemos de hacer el bien.

Veremos venir el Reino de Dios, aquí y ahora, avanzada tras avanzada, luz de hogar tras luz de hogar, una ciudad en una colina para trabajadores cansados, una fogata construida en la arena para barcos que todavía vienen a través de las aguas profundas del amor; esa es nuestra tarjeta de presentación.

*Pero ustedes son los elegidos por Dios,
escogidos para el alto llamado de la obra sacerdotal,
elegidos para ser un pueblo santo,
instrumentos de Dios para hacer su obra y hablar de él,
para contarles a otros el cambio radical
que hizo en ustedes: de nada a algo,
de rechazados a aceptados.*

1 Pedro 2:9 (MSG)

CAPÍTULO DOCE

La Comisión

Aquí estoy, ven y párate frente a mí.

Mirémonos bien a los ojos. Hay un bello atardecer aquí junto a la orilla. Escogí un buen lugar para nosotras, ¿no? El viento puede quitarte el aliento y tus ojos no están satisfechos solo por haber visto el amanecer, lo sé.

Párate ahora, mirada hacia adelante. Eres amada, ¿recuerdas? Eres amada y libre. No hay ninguna vergüenza.

Déjame estirar bien mis brazos, como una profeta del Antiguo Testamento. Mis manos son las manos de una mamá trabajadora, un poco desgastadas y con líneas. Hagamos esto como se debe.

Lleva esto contigo; y recuérdalo:

Te comisiono.

En el fuerte y poderoso nombre de Jesús, te comisiono al trabajo del evangelio como ministra de Jesucristo, para que vivas en tu mundo como una embajadora del Reino.

Te comisiono al trabajo de sanar, servir, amar y reconciliar. Eres una emisaria de la justicia y tu trabajo desde ahora es poner las cosas en orden, para decirles a esas cosas que no son como serán.

Oro para que el Dios de esperanza te encuentre con la paz

> **En el fuerte y poderoso nombre de Jesús, te comisiono al trabajo del evangelio como ministra de Jesucristo, para que vivas en tu mundo como una embajadora del Reino.**

que sobrepasa todo entendimiento. Oro para que seas atraída a una comunidad tan rica, profunda y diversa en la que podrán no estar acuerdo y luchar pero permanecerán en comunión, juntos, de todos modos. Oro para que puedas compartir comidas, oraciones, risas y lágrimas. Oro para que te pisen los talones, te lastimen los sentimientos, y perdones. Oro para que se te dé el don de darte cuenta de cuán mal has estado sobre ciertos asuntos importantes. Oro para que seas rápida en buscar perdón y hacer lo correcto cuando seas quien haya agredido.

Deja de esperar que alguien más te digas que importas, que eres importante, que tienes valor, que tienes una voz, un lugar, que tienes un llamado. ¿No lo sabías, cariño? Aquel que te unió al vientre de tu madre es el que canta estas palabras acerca de ti; eres elegida.

Deja de esperar que alguien más te valide: ya está hecho. Deja de contener la respiración, de trabajar para ganar —a través de tu apologética y argumentos memorizados, a través de tu quietud, tu sumisión, tu hogar, tus hijos, y tu doctrina "correcta"— lo que Dios ya te ha dado libremente.

Porque, cariño, eres valiosa. Eres digna. No por tu género, vocación o estatus matrimonial. No por tus etiquetas, tus libros autorizados subrayados, tus logros o por haber aprobado el examen de Proverbios 31, que has malinterpretado como una descripción del trabajo que estás obligada a hacer.

Tienes valor en Cristo más allá de todo eso. Permaneces en el amor; puedes descansar en tu dignidad inspirada en Dios. ¿Te das cuenta? Dios te ha llamado por tu nombre. Él ha escrito tu nombre en las palmas de sus manos. Eres amada; has sido rescatada.

Ahora ve. Manos a la obra. Conoces a Jesús. Has experimentado el poder y la gracia en tu propia vida; lo has sentido en tu propio corazón. Ahora, ve: sana, haz discípulos/as, ministra, ama, suelta cadenas, abre puertas, golpea tus propias ollas y sartenes.

Habla, respira, profetiza, ponte detrás de un púlpito y predica, califica exámenes, dirige una compañía sin ánimos de lucro, limpia tu cocina, pinta sobre un lienzo, organiza, agita las masas, busca trascendencia en una pila de ropa lavada mientras oras en la oscuridad, trae al mundo bebés para las madres de Haití en una clínica obstétrica. Trabaja el Amor dentro y alrededor de ti, como sea que Dios te hizo y donde te haya puesto para hacerlo. Solo hazlo. No dejes que las mentiras te rodeen o te detengan.

Ama a tu esposo, ama a tus bebés, ama a los pobres, ama a los huérfanos, ama a las viudas, ama a los poderosos, ama a los quebrantados y heridos, ama a tus amigos, ámate a ti misma, y ama a tus enemigos. Ama hasta que llegues a amar a todo el mundo en la plenitud de Dios, en la expresión completa de ser portadora de su imagen, ya que él te creó así. Solo eso; nada más y, ciertamente, nada menos.

Escoge la libertad de vivir amada, lejos de los debates, límites, apodos y estereotipos menospreciadores y divisivos. Extiende el don de la libertad y la gracia, de segundas oportunidades y más gracia tal como lo has recibido. Como escribió E. E. Cummings, crecer y llegar a ser quien eres realmente conlleva coraje. Vive contraculturalmente cuando la cultura —cristiana o secular— no afirme la verdad, el amor, la fe, la misericordia y la justicia.

Todo esto importa, claramente, porque tú importas. Porque tus hijas e hijos importan, porque tus hermanas y hermanos importan, porque el pueblo de Dios y toda su creación importa. Y la misión de Dios importa porque la redención importa. Importa si te silencian en Illinois o en India —ya sea que afecte a tu vida externa o interna—, así que seguiremos realizando este trabajo sagrado, sea el que sea. Seguiremos profetizando con nuestras vidas; seguiremos adorando, seguiremos amando y haciendo lugar para Dios en el mundo y entre nosotros; lugar que la santa gracia se encargue de llenar. El reino de Dios será mejor con tu voz, tus manos, tus experiencias, tus historias, tu verdad. Puedes ir a donde yo no, y algunos necesitan escucharte cantar su nombre. Eres la invitación para alguien.

Descansa en tu valor inspirado por Dios. Deja de contener tu respiración, de ocultar tus dones, de esconder la cabeza debajo de la tierra, de amortiguar tu rugido, de distraer tu alma, de calmar tus manos, de aquietar tu voz y de saciar tu hambre con las pequeñeces de este mundo.

Oro por salas de estar desordenadas, las trasnochadas y los platos sucios apilados; y oro por un puñado de amigos y familia fieles que puedas llamar cuando sientas que la oscuridad te presione. Oro para que seas rápida en aparecer en el momento adecuado para otra persona.

Ven un poco más cerca: estoy a punto de ponerme carismática. Oh, sí. Quiero imponer mis manos en tu cabeza. Hagámoslo.

Te llamo a que goces, amiga.

Ahora mismo aparto tu vida para el trabajo diario de la liberación y el amor.

Ahora mismo aparto tu vida para el trabajo diario de liberación y amor. Proclama el Reino de Dios con tus manos, con tus pies y tu voz a toda alma bajo tu cuidado e influencia. Que tu alma anhele la oración y las Escrituras, que guardes secretos, que des de tu dinero, que compartas tus comidas, y que te sientes sola en silencio en la naturaleza bajo el cielo y estés satisfecha. Que cambies la ropa de cama en la mitad de la noche sin enojarte después de otro accidente infantil, que sostengas bebés y consueles a los moribundos y seas la voz del conocimiento templado con gracia y sabiduría y que nunca olvides cómo cantar y hacer tonterías. Que hagas espacio en tu vida para ser incomodada y molestada y que seas Jesús en carne y hueso para algunas personas. Que seas valiente y que comas buena comida.

Oro para que, sin importar tu herramienta o método (maternidad, predicación, cocina, escritura, organización, lavado, enseñanza, construcción, generación de dinero o lo que sea que abarque el todo de tu vida), camines en el conocimiento de lo sagrado y en el propósito de tu llamado. Oro por sueños y visiones, por la guía activa del Espíritu Santo y para que nunca olvides que *Abba* te tiene mucho cariño, y, ¡vaya amigo que tienes en Jesús!

Oro por perseverancia y por disciplina; oro por un discurso sazonado con sal.

Oro para que cuando estés aburrida, cansada, desalentada y frustrada, cuando te sientas sutil, pequeña y ridícula, tú *nunca, nunca, nunca* te des por vencida.

Tu ministerio (tu trabajo) empieza ahora y empezó hace mucho.

Voltea y enfrenta tu vida.

Mírala a los ojos, porque ya la conoces, es todo.

Si estás rodeada de niños con la cara llena de gelatina o de miles de almas hambrientas; si levantas la cabeza solo para encontrarte a ti misma en un hospital o en un callejón trasero, una iglesia, un orfanato o tu propia cocina suburbana; si se te dio una voz para docenas de almas o solo para una; eres una ministra. Siéntelo; di las palabras; saboréalas: has sido comisionada para el trabajo del evangelio en Cristo Jesús. De veras. Mantén abiertos tus ojos para ver las señales de la presencia de Dios; él ya está obrando en el mundo, nos revela sus caminos a todos nosotros. Tenemos la oportunidad de ser parte de ello.

Estamos juntas en esto; hagámoslo. Estamos llamando a las personas para que vengan a la fogata. Hay muchas de nosotras aquí afuera, esperándote al aire libre. Hemos estado aquí todo el tiempo, ¿no lo sabías? Hemos estado ministrando, predicando, orando, enseñando, amando, maternando, cuidando, cantando, acompañándonos a casa. Es glorioso y desordenado. Lejos de las limitaciones, las barreras y la religión restrictiva. Pero mira: nosotras, el pueblo de Dios, estamos aquí contigo; somos una familia. Somos tu familia y te hemos estado esperando.

Ahora, te envío.

Te envío al lugar donde estás ahora mismo. Estás justo donde perteneces, tienes todo lo que necesitas para empezar y vamos a transitar esto juntos. Somos parte del movimiento redentor de Dios en el mundo para sus hijas e hijos. Tú y yo somos personas del Reino, una avanzada de la redención, comprometidos en la misión de reconciliación de Dios.

Bendito sea su Reino, ahora y por siempre.

La paz sea contigo, mi amiga, mi amigo. Paz.

Algunas notas

A lo largo del libro, he utilizado varias traducciones y paráfrasis de la Escritura. Lo hice a propósito. En particular, utilicé *The Message*. Aunque no es una traducción de la Biblia (es una paráfrasis) y no se suele utilizar para discusiones académicas, decidí servirme de ella en algunos pasajes claves para este libro. En primer lugar (y claramente), este no es un libro académico. Y, en segundo lugar, noto que cuando los versículos de la Biblia son citados por separado en los libros, los lectores a menudo solo los hojean o los pasan de largo, convencidos de que saben lo que dicen porque los han leído cientos de veces. Mi uso de *The Message* es deliberado: quiero que lean estas palabras, no que se las salteen. Y si tengo que usar una paráfrasis para asegurarme de que las palabras no te resulten familiares, entonces estoy feliz de soportar la burla de los estudiosos y puristas por esa decisión.

Además, me tomé como regla de vida tejer versículos de memoria, viejas canciones, e himnos en mi propia prosa. A menudo es involuntario e inconsciente. De todos modos, hice todos los esfuerzos posibles para identificar estas frases o ideas y dar crédito donde es debido. Si algo les suena familiar, probablemente sea porque vino de la Biblia (en particular, tengo un amor profundo y duradero por los Salmos y el libro de Isaías).

Hice la elección de cambiar los nombres de muchas personas involucradas en mi historia. Mis amigos no aceptaron que sus historias se hicieran públicas y he hecho todo lo posible para respetar ese deseo u ocultar algunos detalles. Las únicas excepciones son aquellos casos de amigos que ya tienen una vida pública, ya sea por hablar, ministrar, liderar o escribir en *blogs* o en algún otro lado.

También deseo aclarar que no soy empleada de ninguno de los ministerios u organizaciones sin fines de lucro mencionados aquí. (Sí trabajé para Mercy Ministries de Canadá un tiempo). Su inclusión en este libro se debe a que son una parte significativa de mi vida. No hablo por ninguno de los líderes o ministros mencionados. He respetado cualquier acuerdo de confidencialidad. Cualquier historia o anécdota contada aquí es de previo conocimiento público.

Si quieres más información sobre cualquiera de estos ministerios, aquí están los sitios web:

Mercy Ministries de Canadá: http://www.mercyministries.ca

Mercy Ministries Internacional: http://www.mercyministries.org

Help One Now: http://www.helponenow.org

The A21 Campaign: http://www.thea21campaign.org

Gracias

Gracias a mis padres, David y Joan Styles, por amar a Jesús con todos sus corazones y amarse entre sí y a su familia de una forma tan hermosa. He tenido asiento en primera fila para casi todo su matrimonio, así que sé la verdad: son realmente geniales. Gracias a mi hermana y "langosta para toda la vida", Amanda Slater; te amo hasta la luna ida y vuelta. Gracias a mi cuñado, Adam, y a mis dos hermosas sobrinas, Addison y Ariana. Gracias a mi tía, Donna Hobbs, por ser una de las primeras mujeres en enseñarme cómo amar sin agenda ni expectativas de reciprocidad. Me imagino que tu legado es más amplio de lo que nunca sabrás. Gracias a Ed y a Leona Bessey por criar a un hombre tan poderoso de Dios y por invertir sus vacaciones en buscar a nuestros pequeños para que yo pudiera garabatear en cafeterías. Gracias a Leanna y a Garin Johnston, a mi sobrina Megan, y a Kim Kaszuba por su apoyo. Gracias a Sally y a toda la familia Healy, particularmente a Jared, por ser una parte tan bella de nuestra familia: no sé quién te ama más, si los pequeños o yo.

Gracias a los profesores y estudiantes de Regent College en Vancouver, B.C. por demoler nuestras vidas de una forma tan hermosa. Gracias a cada uno de los diversos y discrepantes eruditos, teólogos, escritores, pastores, pensadores y líderes, cuyo trabajo influye e informa mi propia vida.

Gracias a mi variada colección de amigos-casi-familia dispersos por todo el mundo, son demasiados para nombrarlos.

Gracias a mis comunidades de fe; en particular, Abbotsford Vineyard, Relate Church's LifeWomen, Tree of Life Church, y Regina Christian Centre. Gracias por su gracia consistente mientras trabajaba en estas historias de nuestras vidas reales ante sus ojos pacientes, y gracias por apoyarme y alentarme en esta nueva temporada. Mi experiencia con la Iglesia es restauradora y bella porque ustedes se quedaron a mi lado. Gracias a Susan y a Josh Lepin por el uso de su sagrado espacio en Keats Island aquel fin de semana. Gracias a mis *P-dubs*[a] secretas (ustedes saben quiénes son). Gracias a mis lectores y comunidad *online* en www.sarahbessey.com; todavía no puedo creer que alguien, aparte de mi hermana, realmente lea mis divagues. Todos ustedes han cambiado la trayectoria de mi vida de muchas maneras. Gracias a la comunidad de *Deeper Story* y también a la hermandad global *SheLoves Magazine*. Es un privilegio ser sincera y vehemente con cada una de ustedes.

Gracias a mis hermanas del alma: Idelette McVicker, Tina Francis y Kelley Nikondeha por su búsqueda de justicia y su feminismo amante de Jesús que inspira mucho de mi trabajo y vida. Gracias a mi amada tribu de hermanas por ser mansas como palomas y astutas como serpientes, graciosas como pocas, sabias para aconsejar, y llenas de amor firme: Nish Weiseth, Ashleigh Baker, Megan Tietz, Laura Tremaine, Arianne Segerman, Megan Cobb, Kelly Gordon, Amber Haines, Kelly Sauer, Missy Dollohan, Allison Ofelt, Kristin Potler, Chris Ann Brekhus, Leigh Kramer, Joy Bennett, Jen Johnson, y Emily Carter. Gracias a ti, Rachel Held Evans, por tus agallas, tu sabiduría, tu generosidad, tu liderazgo y tu amistad.

Gracias a la pastora Helen Burns por tu liderazgo amable, tu voz poderosa y tu influencia. Gracias a Mercy Ministries de Canadá, en particular a Nicola Bartel, por dejarme ser una parte pequeña de algo tan real y hermoso. Gracias a Nancy Alcorn por hablar en la capilla en 1997. Gracias a la tribu de Help One Now, Chris Marlow y Dan King. Gracias al equipo *bloguero* de Haití, particularmente a Jen Hatmaker, Kristen Howerton, Jennie Allen, y Mary DeMuth; mucho

---

a *P-dubs* (en español, amigas). (N. del E.)

de esto es completamente su culpa. Gracias a mis nuevos amigos en Haití: quiero quedarme y escuchar.

Gracias a mi agente literaria, Rachelle Gardner, por su sabiduría, orientación constante y aliento. Gracias a mi jefe de redacción, Philis Boultinghouse y a Nicci Hubert, Amanda Demastus, Carla Benton, Kristin Roth y a todo el equipo de Howard Books.

Gracias a las delicias de mi corazón, Anne Styles, Joseph Arthur, y Evelynn Joan. Amo ser su mamá oso, y amo a nuestra familia de cinco, simplemente me encantan. Han cambiado todo para mí.

Finalmente, como siempre, gracias a mi amado esposo, Brian Bessey. Estás en cada palabra de este libro y en cada respiración que doy. Amo vivir intencionalmente contigo. Gracias por encender la radio AM en ese viejo Chevy, y luego bailar lentamente al costado del camino conmigo en esas noches iluminadas por las estrellas de Tulsa, hace tanto tiempo. Gracias por "envejecer conmigo, lo mejor aún está por venir". MTB.

Y a Jesús: si tuviera una caja de alabastro llena de perfumes caros, la rompería en la acera del frente de mi casa. Solo quiero estar contigo, caminando en tu camino, siempre.

Preguntas para la discusión

Capítulo Uno: Jesús me hizo feminista

- El título de este libro genera sentimientos fuertes para todas nosotras. Para empezar, ¿qué sentimientos te genera el "feminismo de Jesús"?
- ¿Con qué mujeres de las escrituras te identificas más? ¿Cómo interactúa (o podría hacerlo) Jesús con ellas?
- ¿Te parece radical que Dios piense que las mujeres también son personas?

Capítulo Dos: Un movimiento redentor

- ¿De qué formas ves que Dios —a través de la iglesia u organizaciones de justicia— "nos mueve hacia adelante", hacia un mejor entendimiento de su propósito?

Capítulo Tres: Raíces enredadas

- ¿Cómo impactaron tus padres o la historia familiar en tu entendimiento de Dios y de tu lugar en el reino?
- ¿Puedes pensar en alguna mujer de tu infancia que se haya destacado "usando su don", tal vez incluso a pesar de las leyes o tradiciones de la iglesia?
- Piensa en cómo fueron enmarcadas las diferencias entre los géneros para ti como niña o como nueva creyente. ¿Qué se destaca si miras

hacia atrás? ¿Qué entiendes como verdadero hoy?

- ¿Alguna vez has tenido cuestionamientos fuertes que sentiste que tu iglesia no quiso escuchar o ayudar a contestar? ¿Cómo has luchado con esas preguntas?

Capítulo Cuatro: Las mujeres silenciosas (?) de Pablo

- Sarah define *teología* como "lo que pensamos acerca de Dios y cómo hacemos para vivir esa verdad en nuestra vida aquí y ahora". ¿Cómo entiendes y luchas con la teología en tu propia vida?

- ¿Qué peso aparece en la puerta de tus emociones cuando lees sobre la sumisión en el matrimonio y a los hombres en las escrituras? Conocer el contexto de los escritos de Pablo a los primeros cristianos, ¿te ayuda a lidiar con esos problemas?

Capítulo Cinco: Guerreros danzantes

- ¿Cómo interpretas el llamado de la Biblia a la mutua sumisión en el matrimonio? ¿Podrías bailar "nadie más que Jesús" en tu propia casa?

- ¿Alguna vez te has sentido como una guerrera junto con los hombres en el Reino de Dios? Si es así, ¡cuenta esa historia! Si no, pruébate la armadura. ¿Cómo se siente?

Capítulo Seis: Santas patronas, parteras espirituales, y feminidad "bíblica"

- ¿Qué mujeres —de la lista de Sarah o de la tuya— se destacan como "santas" y parteras en tu viaje espiritual?

- ¿Dónde buscas y encuentras mujeres que te pastoreen

continuamente?

- ¿Cómo puedes abrazar lo que Dios dice que eres y caminar libre de la ley?

Capítulo Siete: Renace una narrativa

- ¿Tienes una historia de "y luego todo cambió" (o más de una)?
- ¿Cómo entiendes la metáfora del embarazo y el parto conectada a la historia de Dios?
- ¿Qué historias que den testimonio de tu experiencia única con Dios te gustaría contar?

Capítulo Ocho: Reclamando a las damas de la Iglesia

- Si estás completando estas preguntas con un grupo de mujeres, tómense cinco minutos para compartir historias graciosas y horrendas de sus propios ministerios de mujeres. (Después de cinco minutos, límpiense las lágrimas de risa y construyan algo nuevo juntas).
- Para ti, ¿cómo luce una auténtica comunidad entre mujeres? ¿Alguna vez la has visto bien hecha dentro de la iglesia?
- ¿Cómo se vería eliminar la segregación del ministerio de mujeres en la iglesia?

Capítulo Nueve: Moviendo montañas una piedra a la vez

- ¿Alguna vez has sentido "la frecuencia del latido de tu corazón en una nueva longitud de onda"? Revisa tus historias de milagros.

- ¿Cómo cambian los milagros —pequeños y grandes— tu visión sobre Dios? ¿Y sobre ti misma?
- ¿A qué le puedes decir SÍ para, con y por Dios?

Capítulo Diez: Venga tu Reino

- ¿Qué imaginas cuando piensas en el Reino de Dios?
- ¿Cómo puedes participar en el movimiento redentor de Dios para las mujeres alrededor del mundo? ¿Qué daño te provoca la tarea de sanar, incluso en la más pequeña de las formas?

Capítulo Once: Insurgencia íntima

- ¿Qué preguntas grandes te surgen a medida que avanzas en tu propia vida, iglesia y familia?
- ¿Cómo puede el feminismo de Jesús abrazar al espíritu del evangelio de "los otros primero"?
- ¿El "feminismo de Jesús" significa algo más para ti ahora que al momento de elegir este libro?

Capítulo Doce: La Comisión

- ¿Qué se siente leer la Comisión de Sarah?
- ¿Qué palabras parecen escritas solo para que sea tu corazón quien las escuche?

Lectura adicional

Si quieres bucear más profundamente en la teología detrás de estas ideas que he escrito aquí, he incluido esta lista alfabética. Mantén en mente que este es solo el comienzo de un vasto campo de estudios y teología que aguarda por ti.

Barton, Sara Gaston. *A Woman Called: Piecing Together the Ministry Puzzle*. Abilene, TX: Leafwood, 2012.

Beach, Nancy. *Gifted to Lead: The Art of Leading As a Woman in the Church*. Grand Rapids, MI: Zondervan, 2008.

Bosch, David Jacobus. *Transforming Mission: Paradigm Shifts in Theology of Mission*. Maryknoll, NY: Orbis Books, 1991.

Cunningham, Loren, and David Joel Hamilton, with Janice Rogers. *Why Not Women? A Biblical Study of Women in Missions, Ministry, and Leadership*. Seattle: YWAM Publishing, 2000.

Evans, Rachel Held. *A Year of Biblical Womanhood: How a Liberated Woman Found Herself Sitting on Her Roof, Covering Her Head, and Calling Her Husband Master*. Nashville: Thomas Nelson, 2012.

Escobar, Kathy. *Down We Go: Living into the Wild Ways of Jesus*. San Jose, CA: Civitas Press, 2011.

Grenz, Stanley J. *Theology for the Community of God*. Grand Rapids, MI: Wm. B. Eerdmans, 2000.

Grenz, Stanley J., with Denise Muir Kjesbo. *Women in the Church: A*

Biblical Theology of Women in Ministry. Downers Grove, IL: IVP Academic, 1995.

Guder, Darrell L., ed. *Missional Church: A Vision for the Sending of the Church in North America*. Grand Rapids, MI: Wm. B. Eerdmans, 1998.

James, Carolyn Custis. *Half the Church: Recapturing God's Global Vision for Women*. Grand Rapids, MI: Zondervan, 2010.

Johnson, Alan F., ed. *How I Changed My Mind about Women in Leadership: Compelling Stories from Prominent Evangelicals* (featuring essays from Stuart and Jill Briscoe, John Ortberg, Tony Campolo, Bill and Lynne Hybels, and many others). Grand Rapids, MI: Zondervan, 2010.

Kristof, Nicholas, and Sheryl WuDunn. *Half the Sky: Turning Oppression into Opportunity for Women Worldwide*. New York: Alfred A. Knopf, 2010.

Kroeger Richard Clark, and Catherine Clark Kroeger. *I Suffer Not a Woman: Rethinking 1 Timothy 2:11-15 in Light of Ancient Evidence*. Ada, MI: Baker Academic, 1998.

Manning, Brennan. *The Ragamuffin Gospel: Good News for the Bedraggled, Beat-up, and Burnt Out*. Colorado Springs: Multnomah, 2005.

McKnight, Scot. *The Blue Parakeet: Rethinking How You Read the Bible*. Grand Rapids, MI: Zondervan, 2008.

———. Junia Is Not Alone (e-book). Englewood, CO: Patheos Press, 2011.

Newsom, Carol A., and Sharon H. Ringe, and Jacqueline E. Lapsley. *Women's Bible Commentary*. Louisville, KY: Westminster John Knox Press, 2012.

Saxton, Jo. *More Than Enchanting: Breaking Through Barriers to Influence*

Your World. Westmount, IL: InterVarsity Press. 2012.

Scanzoni, Letha Dawson, and Nancy A. Hardesty. *All We're Meant to Be: Biblical Feminism for Today*. Grand Rapids, MI: Wm. B. Eerdmans, 1992.

SheLoves Magazine: Stories of the Sisterhood. www.shelovesmagazine.com.

Stackhouse, John G., Jr. Finally Feminist: *A Pragmatic Christian Understanding of Gender: Why Both Sides Are Wrong—and Right*. Ada, MI: Baker Academic, 2005.

Stevens, R. Paul. *The Other Six Days: Vocation, Work, and Ministry in Biblical Perspective*. Grand Rapids, MI: Wm. B. Eerdmans, 2005.

Sumner, Sarah. *Men and Women in the Church: Building Consensus on Christian Leadership*. Westmount, IL: Intervarsity Press, 2003.

Van Gelder, Craig. *The Essence of the Church: A Community Created by the Spirit*. Ada, MI: Baker Books, 2000.

Webb, William J. *Slaves, Women & Homosexuals: Exploring the Hermeneutics of Cultural Analysis*. Downers Grove, IL: InterVarsity Press: 2001.

Willard, Dallas. *The Divine Conspiracy: Rediscovering Our Hidden Life in God*. New York: HarperCollins, 1997.

Notas

Seamos mujeres que Aman

1. Idelette McVicker, "*Let Us Be Women Who Love*". SheLoves Magazine, originalmente publicada en http://shelovesmagazine.com/manifesto/, usada con permiso.

Introducción: Una hoguera en la orilla

1. Leonard Cohen, "Anthem", del album *The Future* (Columbia Records, 1992.)

Capítulo Uno: Jesús me hizo feminista

1. John G. Stackhouse Jr., *Finally Feminist: A Pragmatic Christian Understanding of Gender: Why Both Sides Are Wrong—and Right*, Ada, MI: Baker Academic, 2005, 85.
2. Un ejemplo es Feministas por la Vida: http://www.feministsforlife.org
3. Stackhouse, *Finally Feminist, Op. cit.*, 86.
4. *Ibíd.*, 17.
5. Carolyn Custis James, *Half the Church: Recapturing God's Globaln Vision*

for Women, Grand Rapids, MI: Zondervan, 2010, 154.

6. La frase "a través de espejo, oscuramente" es de 1 de Corintios 13:12 (la versión RVC).

7. Loren Cunningham y David Joel Hamilton, con Janice Rogers, *Why Not Women? A Biblical Study of Women in Missions, Ministry, and Leadership*, Seattle: YWAM Publishing, 2000, 111.

8. Rachel Held Evans, *A Year of Biblical Womanhood: How a Liberated Woman Found Herself Sitting on Her Roof, Covering Her Head, and Calling Her Husband "Master"*, Nashville: Thomas Nelson, 2012, 72.

9. Lucas 1:46–55.

10. Ver Gálatas 3:28 y Colosenses 3:11.

11. Juan 8:3-11 (NTV).

12. La historia de la mujer con el problema de sangrado se encuentra en tres de los Evangelios: Mateo 9:18–26, Marcos 5:25–34, y Lucas 8:43–48.

13. Lucas 13:16.

14. Lucas 13:16 (NTV).

15. Lucas 10:42 (NTV).

16. Juan 11:25.

17. Juan 11:25 (NTV).

18. Juan 4:7-30.

19. Lucas 11:27–28.

20. Cunningham y Hamilton, *Why Not Women?, Op. cit.*, 125.

21. Lucas 8:3.

22. Juan 20:17 (NTV). Juan 20:1 y Marcos 16:9 identifican específicamente a María Magdalena. Mateo 28:1 y Lucas 24:1–10 identifican la presencia de otros.

Capítulo Dos: Un movimiento redentor

1. Stackhouse, Finally Feminist, *Op. cit.*, 39.

2. Romanos 8:22

3. Las personas del seminario la llaman hermenéutica del movimiento redentor. Leí mas acerca de ello en William J. *Webb's groundbreaking Slaves, Women & Homosexuals: Exploring the Hermeneutics of Cultural Analysis Downers Grove*, IL: InterVarsity Press, 200.

Mi primera tarea cuando escuché este término, lo admito, fue averiguar qué significaba "hermenéutica", así que, para cualquier otra persona que se pregunte, es una explicación o interpretación que conduce a una forma de vida.

4. En Mateo 5, Jesús da el Sermón de la Montaña. Además de las Bienaventuranzas, enseña sobre el cumplimiento de la ley, que se encuentra en su vida. Enseña sobre el adulterio, el divorcio, el asesinato y la venganza, entre otros pecados, con la frase "Pero yo les digo…". El ejemplo que he citado está cerca del final, en los versos 38-48.

5. Un ejemplo: Levítico 25:44-46.

6. Colosenses 4:1.

7. El libro de Filemón es una carta de Pablo a su hermano en Cristo, Filemón, en la que lo alienta a aceptar a un esclavo fugitivo, Onésimo, ahora que ha creído en Cristo y desea volver con su amo.

8. Por ejemplo, Efesios 6:5 y Tito 2:9-10.

9. Puedes aprender más acerca de la A21 Campaign por internet en http://www.thea21campaign.org.

Capítulo Tres: Raíces enredadas

1. *Bullfrogs and Butterflies: God Is My Friend* (Burlington, VT: Birdwing Records), 1978.

2. Salmo 127:2.

3. Isaías 53:5.

4. 2 Corintios 6:14.

5. Barbara Brown Taylor, *An Altar in the World: A Geography of Faith*,

New York: HarperOne, 2010, 10.

6. Todos los nombres conectados con esta parte de nuestra historia han sido cambiados por respeto y privacidad.

7. Sara Miles, *Take This Bread: A Radical Conversion*, New York: Ballantine Books, 2005, 119.

8. Jonathan Martin, *Prototype: What Happens When You Discover You're More Like Jesus Than You Think?*, Carol Stream, IL: Tyndale, 2013, 50.

   Todo el libro de Jonathan es increíble, pero el segundo capítulo, "Beloved", y el tercer capítulo, "Obscurity", me dieron el don del lenguaje común y la camaradería para esta época preciosa y difícil de mi vida.

9. William Sears y Martha Sears, *The Birth Book: Everything You Need to Know to Have a Safe and Satisfying Birth*, New York: Little, Brown, 1994, 134.

10. Lucas 6:44–45 (MSG).

Capítulo Cuatro: Las mujeres silenciosas (?) de Pablo

1. Génesis 32:24–29.
2. Evans, *A Year of Biblical Womanhood*, Op. cit., 294.
3. Este método se llama Wesleyan Quadrilateral.
4. Para una excelente discusión sobre esto, fíjate en el libro que mencioné antes: *A Year of Biblical Womanhood*, Rachel Held Evans, 74–95. Mi cita favorita: "Convertimos un himno en una tarea, un poema en una exigencia laboral" (89). Gracias al libro de Rachel, ahora celebro a las mujeres en mi propia vida con un emocionante "¡*Eshet chayil*! ¡Mujer de valor!".
5. La frase "la mitad de la iglesia" es del libro *Half the Church*, de Carolyn Custis James. Es uno de mis favoritos, y James sirvió como inspiración para ciertas porciones académicas de este libro, en particular el concepto de *ezer kenegdo*.

6. Mateo 9:36-38.
7. N. T. Wright, *Scripture and the Authority of God: How to Read the Bible Today*, New York: HarperOne, 2011.
8. Stackhouse, *Finally Feminist, Op. cit.*, 23.
9. Gálatas 3:28 (NTV).
10. Colosenses 3:11 (NTV).
11. Para aclarar, esto se debe a que la Iglesia estaba convencida de la inminente segunda venida de Cristo.
12. Stackhouse, *Finally Feminist, Op. cit.*, 51.
13. Cunningham y Hamilton, *Why Not Women?, Op. cit.*, 192-193.
14. *Ibíd.*, 201.
15. 1 Corintios 14:19 (NVI).
16. Cunningham y Hamilton, *Why Not Women?, Op. cit.*, 198-201.
17. EEvans, *A Year of Biblical Womanhood, Op. cit.*, 278.
18. Scot McKnight, *The Blue Parakeet: Rethinking How You Read the Bible*, Grand Rapids, MI: Zondervan, 2008, 202.
19. Cunningham y Hamilton, *Why Not Women?, Op. cit.*, 214.
20. De hecho, más adelante en la carta (1 Timoteo 4:1-5) y una vez más en una carta futura (2 Timoteo 4:1-5), Pablo advirtió contra esos falsos maestros en particular, por lo que quizás esta sección también fue un punto de conexión entre cómo Eva fue engañada y cómo todos podríamos ser engañados, no por debilidad o inferioridad de género, sino por la falta de sabiduría.
21. Cunningham y Hamilton, *Why Not Women?, Op. cit.*, 204.
22. *Ibíd.*, 203.

Capítulo Cinco: Guerreros danzantes

1. Estoy mostrando mi trasfondo carismático con esta frase. "El espíritu de Jezabel" es una referencia a la Reina Jezabel, esposa del Rey de Israel, Acab. Jezabel aparece en 1 y 2 de Reyes, también en Apocalipsis.

Ella era la adversaria del profeta Elías porque había conducido al rey y a la nación de Israel a adorar ídolos. En mi memoria, si una mujer era acusada de tener el "espíritu de Jezabel", estaba siendo acusada de exhibir características o comportamientos de manipulación, emasculación, dominación y control en la iglesia o en su hogar. En instancias más serias, un acusador hacía referencia a las prácticas de adoración de ídolos e inmoralidad sexual de Jezabel, así como a su pecado impenitente. Lamentablemente, esta acusación ganó popularidad en la iglesia por un tiempo y se ha aplicado erróneamente en algunas iglesias a todas las mujeres que muestran habilidades de liderazgo, que parecen estar un poco "fuera de la caja", o que desafían la autoridad de alguna forma.

2. Carol A. Newsom and Sharon H. Ringe, *Women's Bible Commentary*, expanded ed., Louisville, KY: Westminster John Knox Press, 1998, 463.
3. Celso fue un crítico pagano que vivió en el siglo II. Esta cita es del libro de Ross Shepherd Kraemer, *Her Share of the Blessings: Women's Religions among Pagans, Jews, and Christians in the Greco-Roman World: Women's Religions among Pagans, Jews, and Christians in the Greco-Roman World*, Oxford: Oxford University Press, 1992, 128.
4. James, *Half the Church, Op. cit.*, 111.
5. Evans, *A Year of Biblical Womanhood, Op. cit.*, 207.
6. Victor P. Hamilton, *The Book of Genesis: Chapters 1–17 (New International Commentary on the Old Testament)*, Grand Rapids, MI: Wm. B. Eerdmans Publishing Company, 1990, 181.
7. Las referencias son de Génesis 2:18, 20; Isaías 30:5; Ezequiel 12:14; Daniel 11:34; Éxodo 18:4; Deuteronomio 33:7, 26, 29; Salmos 20:2, 33:20, 70:5, 89:19, 115:9–11, 121:1–2, 124:8, 146:5; y Oseas 13:9. Estas referencias son cortesía de James, *Half the Church, Op. cit.*, 112.
8. J. R. Daniel Kirk, "Imaging the Biblical God", Storied Theology (blog) Theological God, February 2, 2012, disponible en: http://www.jrdkirk.com/2012/02/02/imaging-the-biblical-god.
9. James, *Half the Church, Op. cit.*, 115.
10. Filipenses 2:5–8 (NVI).

11. Ver Mateo 18:1.
12. Ver Marcos 10:44.
13. Teólogos como Jürgen Moltmann, C. Baxter Kruger y Miroslav Volf han desarrollado la teología de la pericoresis para la generación actual.
14. Filipenses 2:3-9.
15. Por favor, ten en cuenta que mis palabras sobre la sumisión mutua hacen referencia a un ideal conceptual en el contexto de un matrimonio saludable y vivificante. Si tú o alguien que conoces está sufriendo de abuso de algún tipo, por favor busca ayuda real y sustancial luego de asegurar tu integridad física.

Capítulo Seis: Santas patronas, parteras espirituales, y feminidad "bíblica"

1. Selina Alko, *Every-Day Dress-Up*, New York: Knopf Books for Young Readers, 2011.
2. La historia de Eva aparece en las primeras páginas de Génesis, incluyendo Génesis 3.
3. La historia de Débora aparece en Jueces 4 y 5.
4. Evans, *A Year of Biblical Womanhood, Op. cit.*, 19.
5. Priscila es mencionada en Hechos 18, Romanos 16, 1 Corintios 16 y 2 Timoteo 4.
6. P. J. Achtemeier, *HarperCollins Bible Dictionary*, rev. ed., New York: HarperCollins, 1996, 882.
7. "Ana y el Profeta" se encuentra en Lucas 2:36–40.
8. Lidia es mencionada en Hechos 16.
9. Ver 1 Corintios 1:11.
10. Romanos 16:12.
11. Ver Filipenses 4:2–3.
12. Ver Hechos 21:8–9.
13. Romanos 16:7.

14. James, *Half the Church, Op. cit.*, 103.
15. Isaías 30:21.
16. 1 Corintios 13:4-7 (MSG).

Capítulo Siete: Renace una narrativa

1. La frase "viviendo amados" la tomé prestada, con gran aprecio, del trabajo de Wayne Jacobsen de Lifestream Ministries [para su sitio web oficial]. Su libro, *He Loves Me! Learning to Live in the Father's Affection* (Windblown Media, 2007), fue una tremenda bendición en una encrucijada en mi formación de fe.
2. D&C es la abreviatura de dilatación y legrado, un procedimiento quirúrgico para raspar el interior del útero de una mujer y desechar su contenido. Puede ser un procedimiento de aborto, pero también se usa un D&C para eliminar el exceso de tejido en el útero o, como se propuso en mi caso, para extraer a un bebé abortado desde el útero en lugar de inducir el trabajo de parto y dar a luz de forma natural.
3. De una cita popular, usualmente atribuida a Elizabeth Stone: "Tomar la decisión de tener un hijo es trascendental. Es decidir para siempre que tu corazón salga caminando fuera de tu cuerpo".
4. *The Book of Common Prayer and Administration of the Sacraments and Other Rites and Ceremonies of the Church: Together with the Psalter Or Psalms of David According to the Use of the Episcopal Church,* New York: Church Publishing, 1979, 71.
5. La frase "nos relajamos en esta relación" está inspirada en una frase que usa comúnmente Wayne Jacobsen "una realidad en la que te relajas", acerca de vivir en el amor de Cristo. Por ejemplo, es usada en su serie de enseñanzas "Transiciones". Disponible en: http://www.lifestream.org/transitions. (Newbury Park, CA: LifeStream Ministries, 2009).
6. Ver 2 Timoteo 2:13 (NVI)
7. Romanos 8:15-17 (MSG).

NOTAS

8. Romanos 8:18-28 (extracto; MSG).

Capítulo Ocho: Reclamando a las damas de la Iglesia

1. Los centros Living Hope son un proyecto dentro de Watoto, en Uganda. Puedes aprender más visitándolos en internet: http://www.watoto.com/returntodignity/living-hope.
2. Vinson Synan, "Women in Ministry: A History of Women's Roles in the Pentecostal and Charismatic Movements" publicado en *Ministries Today*, January/ February 1993, 46. Disponible en: http://www.regent.edu/acad/schdiv/assets/women_in_ministry.pdf.
3. Helen Rappaport, *Encyclopedia of Women Social Reformers*, Santa Barbara, CA: ABC-CLIO: 2001, 102.
4. J. Herbert Kane, *Life and Work on the Mission Field*, Baker: 1990, 143.
5. Cunningham y Hamilton, *Why Not Women?, Op. cit.*, 68.

Capítulo Nueve: Moviendo montañas una piedra a la vez

1. He cambiado los nombres de las graduadas de Mercy mencionadas en este libro para asegurar su privacidad. De todos modos, estas historias en particular ya son de público conocimiento, ya que las graduadas a las que se hace referencia hablan y escriben sobre sus experiencias abiertamente y han dado permiso al ministerio para compartir sus testimonios. Lógicamente, no todas las graduadas toman esta misma decisión.
2. Como se menciona en el sitio web de UNICEF, Información por País. Estadísticas de Haití. Huérfanos. Niños (edades de 0-17). Huérfanos por todas las causas. 2009. Estimados (miles): 440 000. Disponible en http://www.unicef.org/infobycountry/haiti_statistics.html.

3. Isaías 61:3 (NTV).

4. 2 Reyes 4:1-7.

5. Barbara Kingsolver, *Animal Dreams*, New York: HarperCollins, 1991, 299.

6. Martin Luther King Jr., *Strength to Love*, Minneapolis: Fortress Press: 1977, 61.

7. Puedes aprender más de Amahoro en: http://www.amahoro-africa.org.

8. Puedes leer estas historias en SheLoves en: http://www.shelovesmagazine.com.

9. William Paul Young, *The Shack*, Newbury Park, CA: Windblown Media, 2007, 235.

10. 1 Corintios 12:4.

11. 1 Corintios 12:27.

Capítulo Diez: Venga tu Reino

1. David Jacobus Bosch, *Transforming Mission: Paradigm Shifts in Theology of Mission (American Society of Missiology Series)*, Maryknoll, NY: Orbis Books, 1991, 176.

2. Dallas Willard, entrevista con Andy Peck, mayo de 2002. Disponible en: http://www.dwillard.org/articles/artview.asp?artID=92..

3. Darrell Guder, ed., *Missional Church: A Vision for the Sending of the Church in North America*, Grand Rapids, MI: Wm. B. Eerdmans, 1998, 92.

4. Craig Van Gelder, *The Essence of the Church: A Community Created by the Spirit*, Ada: Baker Books, 2000, 89.

5. R. Paul Stevens, *The Other Six Days: Vocation, Work, and Ministry in Biblical Perspective*, Grand Rapids, MI: Wm. B. Eerdmans, 2000, 193.

6. Bosch. *Transforming Mission, Op. cit.*, 390.

7. James, *Half the Church, Op. cit.*, 76.

8. Stevens, *The Other Six Days, Op. cit.*, 204.

9. C. Hoekendijk, *Kirche und Volk in der deutschen Missionswissenschaft*, Munich: Chr. Kaiser Verlag, 1967. Citado en Bosch, T*ransforming Mission, Op. cit.*, 384.

10. Santiago 1:17.

11. N. T. Wright, Surprised by Hope: *Rethinking Heaven, the Resurrection, and the Mission for the Church*, New York: HarperCollins, 2009, 293.

12. Guder, *Missional Church, Op. cit.*, 91.

13. United Nations Children's Fund (UNICEF), The State of the World's Children, New York: UNICEF, 2009, 18–19. Disponible en: http://www.unicef.org/rightsite/sowc/pdfs/SOWC_Spec20Ed_CRC_Main%20Report_EN_090409.pdf.

14. Half the Sky Movement, "Gender-Based Violence", consultado el 25 de mayo de 2013. Disponible en: http://www.halftheskymovement.org/issues/gender-based-violence.

15. *Ibíd.*

16. Half the Sky Movement, "Economic Empowerment", consultado el 7 de mayo de 2013. Disponible en: http://www.halftheskymovement.org/issues/economic-empowerment.

17. Half the Sky Movement, "Education", accessed May 7, 2013, http://www.halftheskymovement.org/issues/education.

18. United States Department of Justice, National Institute of Justice. Extnt, Nature, and Consequences of Rape Victimization: Findings From the National Violence Against Women Survey. (US Department of Justice, 2006), 7. Puedes leer el informe completo en: https://www.ncjrs.gov/pdffiles1/nij/210346.pdf.

19. Para un breve resumen del fenómeno de la violencia sexualizada en propagandas de moda, fíjate en el artículo de Jenna Sauers para Jezebel, publicado el 11 de junio de 2012. (Advertencia: imágenes altamente perturbadoras). Disponible en: http://jezebel.com/5916650/fashions-ongoingviolence-against-women.

20. Pamela Paul, Pornified: *How Pornography is Transforming Our Lives, Our Relationships, and Our Families*, New York: Times Books, 2010.

Este libro es una mirada secular con mucha investigación sobre los efectos de pornografía y su creciente aceptación en nuestra cultura. Advertencia de alta discreción para el contenido de este libro.

21. Esta es la referencia al caso de violación del 2013 en Steubenville, Ohio. Para un resumen de este crimen, ver Dan Wetzel, "Steubenville High School Football Players Found Guilty of Raping 16-year-old girl", Yahoo! Sports, 17 de marzo de 2013. Disponible en: http://sports.yahoo.com/news/highschool-steubenville-high-schoolfootball-players-found-guilty-of-raping-16-yearold-girl-164129528.html.

22. Ciertamente no es el único —ni el peor— ejemplo de un comediante inapropiado. Este relato en primera persona cuenta una broma de violación de Daniel Tosh a expensas de una mujer de la audiencia, se puede leer aquí: "So a Girl Walks into a Comedy Club...", Cookies for Breakfast, 2012. Disponible en: http://breakfastcookie.tumblr.com/post/26879625651/so-a-girl-walks-into-a-comedyclub.

23. Amy Lepine Peterson escribió un ensayo increíble llamado "The F-Word: Why Feminism Is Not the Enemy" para el blog Patheos' Christ and Pop Culture (20 de febrero de 2013). En ese ensayo, ella escribió: "Soy cristiana. Y hasta el día en que el mundo entienda automáticamente que creo en la plena humanidad y personalidad tanto de hombres como de mujeres, también me pueden llamar feminista". Puedes leer todo el ensayo en: http://www.patheos.com/blogs/christandpopculture/2013/02/the-f-word-why-feminism-is-not-the-enemy.

24. David Holloway, *The Church of England: Where Is It Going?*, Eastbourne: Kingsway Publications, 1985, 22.

25. James, *Half the Church, Op. cit.*, 19, 76.

26. *Ibíd.*, 162.

Capítulo Once: Insurgencia íntima

1. Santiago 1:5.

2. Mary Briggs ed., *Women's Words: The Columbia Book of Quotations by*

NOTAS

Women, New York: Columbia University Press, 1996, 309.

3. Romanos 12:1–3.
4. Wayne Jacobsen, "How Do I . . . ?", BodyLife, marzo de 2010. Disponible en: http://www.lifestream.org/bodylife.php?blid=58.
5. Mateo 10:40–42 (extracto; MSG).
6. Isaías 58:3–9.
7. Lucas 14:10–11 (extracto; MSG).
8. Romanos 15:1–6.
9. Gretchen Gaebelein Hull, *Equal to Serve: Women and Men Working Together Revealing the Gospel*, Ada, MI: Baker Book House, 1998, 241.
10. Filipenses 2:3–4.
11. Stackhouse, *Finally Feminist, Op. cit.*, 98.
12. Romanos 12:9 (MSG).
13. Apocalipsis 12:11 (NVI).

Sobre la autora

Sarah Bessey es una galardonada escritora y *bloguera* en www.sarahbessey.com. *Jesús Feminista* es su primer libro. Sarah es editora en *A Deeper Story* y colaboradora en *SheLoves Magazine*. Es una alegre amante de Jesús, subversiva gozosa, lectora voraz, y aspirante a la justicia social. Vive en Abbotsford, British Columbia, con su esposo, Brian, y sus cuatro hijos.

www.ingramcontent.com/pod-product-compliance
Lightning Source LLC
Chambersburg PA
CBHW030109100526
44591CB00009B/348